JN221202

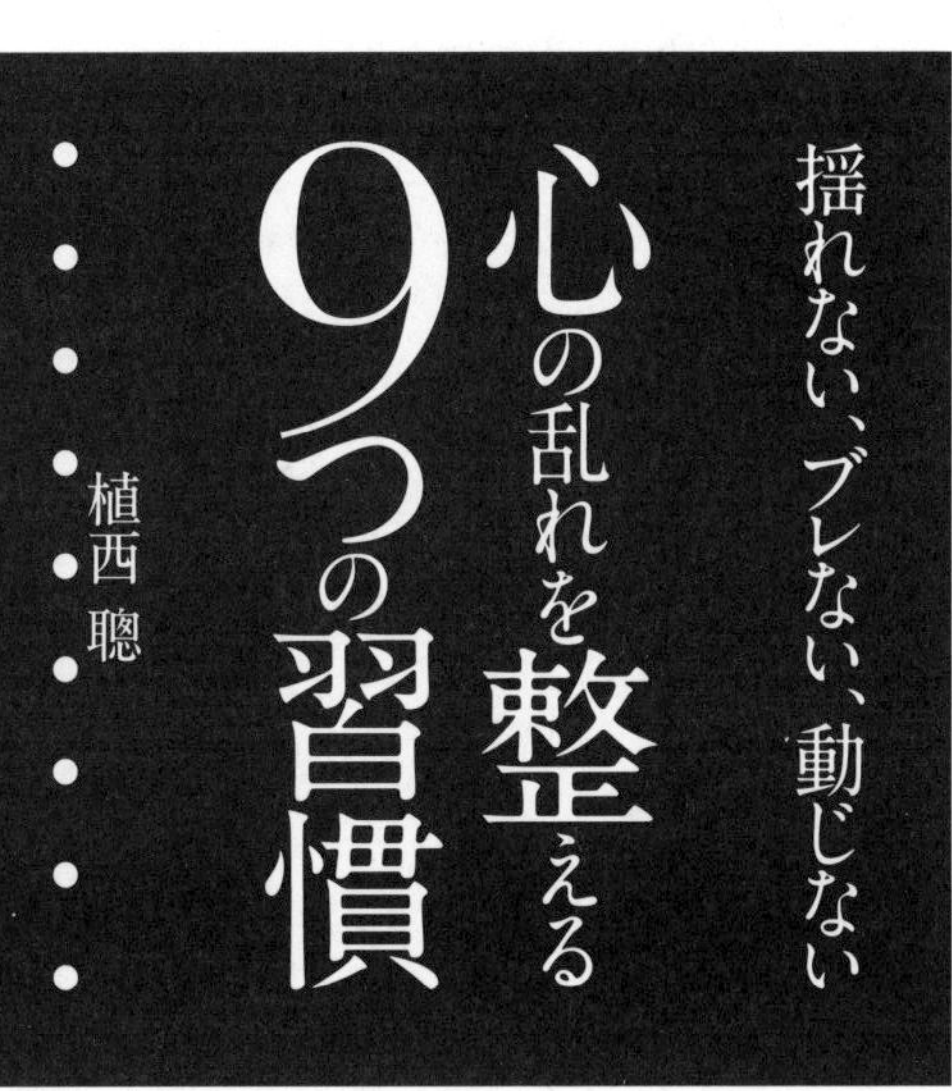

永岡書店

はじめに

いつも、あわただしく日常生活を送っている現代人にとって「心を乱さずに生きる」ということは、とても難しいものです。

緊張したり、落ち込んだり、不安や憂うつ感にさいなまれ、ときに、つらく苦しいこと、怒りに震えること、あるいは、自己嫌悪に陥ることもあるでしょう。

仕事では、やるべきことが山のように押し寄せ、人間関係では、さまざまなもめ事が起こり、そのたびに、イライラ、ヤキモキしなければなりません。さらに、家庭の問題、お金のこと、健康のこと、老後のこと……。

悩ましい出来事がひっきりなしにやってきて、心が休まるひまなどないのです。

禅に、このような言葉があります。

「日々是好日(にちにちこれこうじつ)」

直訳すれば「毎日、平穏な心で暮らしていく」といった意味です。特別なことは何もないように思えますが、じつは深い人生の心得(こころえ)が隠されています。

禅の修行は、とても厳しいものです。つらいこと、苦しいことがたくさんあり、逃げ出したくなるような気持ちになる日もあるでしょう。

それでも「どのようなことがあっても心を乱すことなく、平穏な心を保って、一日一日を生きる」という覚悟を表しているのです。

私たちも社会で、日々、さまざまな経験をします。

何かにつけて心をかき乱され、それに振り回されていては、穏やかな人生を送ることなどできません。

「どのようなことがあっても、平穏な心を保つ」と決心をしておくことは、人生にとって、とても大切なことだと思います。

平穏な心で生きてこそ、実り多き、豊かな人生が実現できるからです。

中国の思想書である『菜根譚（さいこんたん）』には、このような一文があります。

「世間が目まぐるしく変化しても、どんなにあわただしい生活を送っていても、そのような状況で心を静かに保つことができてこそ、本当の意味での平穏の境地である（意訳）」

まったくそのとおりで、周囲がどのような状況であろうとも、それに巻き込まれず、自分一人だけは「平穏な毎日」を送っていくことは可能なのです。

それは、自分自身のちょっとした心がけ次第です。

物事を悲観的に考えないことです。深刻に受けとめすぎないことです。

人生のあらゆる出来事には、ネガティブな面とポジティブな面があります。

「こんなにつらく、苦しいことはない」と思うような出来事にも、かならず、考え方や見方を変えれば、前向きにとらえられる面があるのです。

大切なのは、心が動揺する出来事が起こったときに、そこから、すばやくポジティブな面を探し出すことができる思考を身につけることです。

物事を前向きにとらえ、ネガティブな面からポジティブな面に考え方を逆転させる「楽天思考」が、心の動揺を落ち着かせるきっかけになります。

どんなに心が乱れても、すばやく心を整える習慣を身につければ、日々、心を穏やかに保て、生きることが楽しくなっていきます。

「楽しみて憂えを忘る」という格言があります。

「人生は、こんなにも楽しいのか」ということに気づけば、これまでの悩みや苦しみは、嘘のように消えてなくなっていくという意味です。

その具体的な実践法は、本書で詳しくご説明しましょう。

ひとつでも、ふたつでも、役立ててもらえるものがあれば幸いです。

植西 聰

目　次

2章《人から攻撃された》打たれ強い心をつくる習慣

3章《ショックを隠せない》心を早く立ち直らせる習慣

4章《会いたくない人がいる》人間関係で心を乱されない習慣

5章《不安でしょうがない》プレッシャーを軽くする習慣

6章《不運ばかりでつらい》倒れない心をつくる習慣

7章《カッとなる、イライラする》怒りをすっと静める習慣

8章《どうしようと焦る》慌てる心を落ち着かせる習慣

9章《コンプレックスが消えない》心の弱みをプラスに変える習慣

1章

楽天思考を味方につける

心を整えるトレーニング

「しかし」で楽天思考を身につける

心を平穏に保つ秘訣(ひけつ)は、物事を楽天的に考えることです。「しかし」という接続詞をはさむだけでマイナスの出来事もプラスに転じるものです。


人生には、つらいこと、悩ましいことがたくさんあります。

挫折したり、行きづまったり、人から裏切られたり、大切なものを失うことも、生きていれば少なからずあるのです。

そうしたときに、マイナスをプラスにとらえる**楽天思考**がとても大事になってきます。

作家の川端康成（かわばたやすなり）は、こんな言葉を遺しています。

「『しかし』という接続詞で、人間は悩みや行きづまりから救われ、新しい希望の道が見えてくるものじゃないか（意訳）」

この**「しかし」を使って物事を考えることは、楽天思考を身につけるコツ**ともいえるでしょう。

「つらく苦しいが、**しかし、**この経験を生かせば、未来は今よりも明るくなる」

「悩ましいが、**しかし、**この問題と向き合うことで、自分はきっと成長できる」

このように「しかし」という言葉をはさむだけで、自然に物事のとらえ方は逆転します。**ネガティブな経験にも、ポジティブな意味を見つけ出せる**のです。

マイナスの出来事は、深く考え込むほど、心に重くのしかかってきます。

動揺したときこそ、「しかし」で楽天的な発想をしてみましょう。

心の負担を軽くし、明るい気持ちを取り戻すことで、つらい経験や悩みも乗り越えていけます。

反対意見をいわれたときこそチャンス

自分の意見をいえば、それに反論する人も現れます。カッとなったりせず「いいことを教わった」と考えればよりよい結論を導き出すヒントになります。

仕事の会議でも、仲間内の会合であっても、話し合いの場で自分の意見をいうときに、全員が賛同してくれるケースは少ないものです。

「あなたの意見には反対だ」「それは違う」とストレートにいわれると、誰でも精神的に動揺します。

そこでカッとなり、ケンカ腰になって相手に食ってかかる人もいれば、否定されたショックで取り乱し、「もういいです」と自分の意見を引っ込めてしまう人もいるでしょう。

ここで知っておかなければいけない、肝心なことがあります。

それは、**自分の意見に反対する人がいるのは当たり前**ということです。

考え方は人それぞれなので、自分とは逆の意見を持つ人がいても当然なのです。

そこで、反対意見をいわれたときは、むしろ**「いいことを教えてもらった」**と考えてみましょう。

「そういう考え方もあるのか」と反対意見を参考にすれば、**自分の意見をより説得力のある、充実したものにできるヒント**になります。

話し合いの場では、あくまでも自分の意見を押し通そうとは思わないことです。

そうした気持ちがどこかにあると、反論されたときに心が乱されるのです。

反対意見も取り入れて、よりよい結論を導き出そうと思っていれば、反論されたときも、落ち着いた心で対処ができます。

失敗をしたときに思い出したい言葉

「失敗」に対して過敏に反応する人がいます。
「弘法にも筆の誤り」ということわざは
ささいなミスで必要以上に落ち込まないための知恵です。

誰にでも苦手なことはあります。

この苦手意識が強いことほど、失敗をしたときに心が敏感に反応し、ネガティブな感情にとらわれる傾向があるようです。

ある男性は「細かい数字の計算」に対して、強い苦手意識があります。

仕事で事務処理をする際、ときどき計算間違いをしてしまい、上司や同僚からそれを指摘されると、彼はもう死にたいくらいの気持ちになるそうです。

「こんなくだらないミスをするなんて、自分はどうしようもなく数字が苦手な人間だ。周囲に迷惑をかけている」と自己嫌悪に陥ってしまうのです。

しかし、細かい数字の計算ミスなど、誰にでもあることです。そこまで大げさに考える必要はないのです。

こうしたときに役立つのが**「弘法にも筆の誤り」**ということわざです。

「弘法」とは、真言密教の開祖である空海のことです。書道の名人として世に知られ**「そんな空海でさえ、間違った字を書くことがある」**という意味です。

苦手意識というのは、多くは日常のことにあります。失敗をするたびに自己嫌悪に陥っていては、苦手意識はさらに強まり、日々、心を苦しめます。

失敗をしたときに反省は必要ですが、逆に**「こうしたミスは誰にでもある。大きな問題ではない」**と開き直ることも大事です。そうすれば、苦手意識に振り回されず、ささいな失敗で心を乱すこともないでしょう。

拒絶されたらくるりと方向転換

人から拒絶されれば、誰でもショックを受けます。
しかし、それをきっかけに方向転換することで
「断られてよかった」という幸運を招くかもしれません。

自分のことを「受け入れてもらえない」「拒絶される」という出来事は、状況はどうあれ、心を乱されるショックな出来事です。

会社の採用試験など、テストや審査を受けて落とされることもあります。

好きな人に告白をして「あなたとはつき合えない」と断られることもあります。

会員制の店などで、入店を断られるケースもあるかもしれません。

大なり小なり、自分を拒否されたことで「頭にくる」「なぜなんだ」「悔しい」「みじめで情けない」といった感情に振り回されることになります。

このような乱れた心を整えるには、**楽天思考**しかありません。

「それならば」と**気持ちの方向転換**をすればいいのです。

「あの会社には、自分が活躍できる場はなかったのだ。もっと自分を生かせる会社を探すほうがいい」

「あの人にはフラれたが、もっと自分に合う人と交際するチャンスが生まれた」

「入店を断られるような店は、入ったところで居心地が悪かっただろう。お金と時間をムダにしないですんだ」

後ろ向きの心を逆転させれば、前向きに次へのステップが踏み出せます。

拒絶されたイヤな思いを引きずっていては、自分の人生のためにはなりません。

心に受けた負荷を反動にしてステップアップすれば**「むしろ、断られてよかった」**といえる明るい未来が開けます。

苦しいときこそ楽しまなければいけない

生きていれば、苦しいことが多い反面で楽しいこともたくさんあるはずです。バランスをとる心がけが平穏な心を保つ秘訣です。


作家の芥川龍之介（あくたがわりゅうのすけ）が、こんな言葉を遺しています。

「人生は苦しいことばかりだ。だからこそ人生を楽しむべきだ」

苦しくても楽天的に生きようという、とてもいいメッセージです。

仕事でも、人間関係でも、家庭でも、あるいはお金や健康面といった問題でも、人生には苦しいときが多々あります。

しかし、苦しいことばかり考えていては、心が滅入ってしまい、やがては生きる気力を失っていきます。

苦しいことが多いから、楽しむことで、**心のバランスをとる**必要があるのです。

この「楽しむこと」には、ふたつの意味があります。

ひとつは、**苦しいことを自分ならではの創意工夫で楽しむ**ことです。

たとえばつらい仕事でも、積極的にアイデアを提案したり、自分なりの目標を立ててクリアしていくなど、自分の能力を生かすという楽しみ方があります。

苦手な人がいても、あえて話しかけてみると、意外な接点が見つかって楽しくつき合えるかもしれません。

もうひとつは、**苦しみを癒すために楽しむ**ことです。

たとえば、休日は趣味に没頭したり、旅行を楽しんで日常を忘れましょう。

ふたつの「楽しむ」で心のバランスをとれば、苦しいことが多い毎日であっても、心の平穏を保って乗り越えていくことができます。

環境の変化も考え方ひとつで楽しめる

環境が変わることに苦痛を感じる人もいます。望まない不慣れな環境であってもそれを「新鮮」と楽天的に考えてみましょう。


会社で働いていれば、人事異動はつきものです。

突然、望まない部署に配属されたり、地方に転勤を命じられることもあります。

不慣れなうえに「行きたくない」と思う職場や土地であれば、心はとまどいや不安、緊張でいっぱいになり、穏やかではいられません。

「新しい部署は忙しくて残業も多そうだ」

「地方には好きな店やイベントもない。都会育ちの自分には退屈で耐えられない」自分のペースやテリトリーを大切にする人、人間関係に気を使う人などにとっては、環境の変化そのものが、心の大きな負担になるようです。

こうした**仕事や生活の環境が大きく変わるとき**も、マイナスをプラスにとらえる楽天思考が強い味方になります。

たとえば、望まない部署での仕事でも「新しいことを覚えて、仕事の幅が広がる」「今後のいい経験になる」と考えることもできます。

都会から地方へ転勤になっても「自然を楽しむ機会に恵まれた」「休日を利用して、その地方の観光スポットめぐりができる」と考えることもできます。

大切なのは、**新しい環境のポジティブな面に目を向けること**です。

慣れ親しんだこれまでの環境と、不慣れなこれからの環境を比較して、そのネガティブな面ばかりに、心をとらわれないようにしましょう。

「楽しむ」という意識が、環境の変化に対応するバックアップになります。

「あり得る」という前提が心の動揺を防ぐガードになる

自分の考えが及ばない、理解できない出来事など世の中にはいくらでもあるものです。「あり得ない」と思えば、動揺は大きくなるばかりです。

「世の中で起こることは、わけのわからない、理屈に合わないことだらけだ」

俳人であり作家であった久保田万太郎は、このような言葉を遺しています。

たとえば、しっかりと計画を立て、怠りなく準備を進めてきたことでも、いざ始めてみるとあっけなく失敗することもあります。

自分よりも明らかに劣っていると思う人が、大きなチャンスや幸せに恵まれることもあります。

自分は何も悪いことをしていないのに非難され、悪いことをしてきた人が賞賛されることもあります。

確かに、世の中にはこのような**「わけのわからないこと」「理屈に合わないこと」**がしょっちゅう起こるのです。

逆にいえば、このような事態を経験するときに「あり得ない」「なぜ、どうして」「信じられない」と、いちいち動揺して心をかき乱されていては、平穏に生きていくことなどできません。

ある意味、**世の中には思いもよらない、矛盾していることが起こって当たり前**という前提に立って生きていくほうが、賢明といえるでしょう。

自分にとって理解できない出来事が起こったときは、驚きはしても**「あり得る」**と考えてみるとよいでしょう。周囲でどんなことが起ころうとも、自分の夢や希望をまっすぐ見すえて、それに向かって進んでいくことが大切です。

悲しい出来事の裏側には喜ばしい出来事がある

物事には、いい面と悪い面があります。心が乱れるような出来事でも、その裏にあるいい面に意識を向ければ心を立て直せます。

仏教の説話に、このようなものがあります。

昔、京都のある寺の門前(もんぜん)に暮らしていたおばあさんは、天気がよくても、雨が降っても、泣いてばかりいました。

ある日、寺の住職が「あなたは、なぜ泣いてばかりいるのか」とたずねました。

「私には二人の息子がいる。一人は傘屋、もう一人は履(は)きもの屋をやっているが、天気のよい日は傘が売れないから、傘屋の息子がかわいそうで泣けてくる。雨が降る日は履きものが売れないから、履きもの屋の息子がかわいそうで泣けてくる」

この話を聞いた住職は、おばあさんに教えました。

「雨が降ったら、傘屋の息子がもうかると思って喜べばいい。天気がよければ、履きもの屋の息子がもうかると思って喜べばいい」

それから、おばあさんは毎日、心穏やかに笑って暮らせるようになりました。

この話は、**物事にはかならず、いい面と悪い面がある**と説いています。

「悪い面」ばかりに意識をとらわれるのではなく、**「いい面」に注目することが**、心穏やかに笑って生きていくコツと説いているのです。

日常のささいな出来事にも、いい面と悪い面があります。いつも、**いい面に意識を向けていく心がけ**をしていれば、大きな苦しい出来事、悲しい出来事に直面したときも、笑顔を取り戻すことができるのです。

「変わっている」といわれたら喜ぶべき

周りの人から「変わりもの」と皮肉をいわれてもショックを受けたり、悩む必要はありません。人と違うことは「個性がある」という証拠です。

「常識はずれの行動をする」「普通の人とは違う」「ヘンなものを好む」「いつも一人でいる」

このように、周囲の人たちから**「変わりもの」「変人」**といった皮肉をいわれる人がいます。

当事者にすれば、自分の性格や考え方を否定され、バカにされたような気持ちになるかもしれません。

「自分は周囲から浮いている」「このままの生き方をしていては、いけないのだろうか」と、自分自身のアイデンティティーも揺らいできます。

しかし、じつのところ「変わりもの」「人とは違う」ということは、見方を変えれば、それだけ**個性的な生き方をしている証**（あかし）です。

自分自身の生き方に、自信を失う必要などありません。

むしろ、その個性をもっと伸ばしていくことを考えてみましょう。

たとえば、実業界や科学技術の分野、芸術的な分野で活躍をしている人には、無名だった時代に、周りから変人扱いされた経験を持つ人がたくさんいます。

彼らは、そこで動揺して自分を見失わなかったから、成功できたのです。

変わりもの扱いされたら、むしろ喜んで受け入れ、**自分の個性をいっそう磨くことに専念**しましょう。

人と違う部分があるほど、**人にはないものを生み出す力がある**ということです。

自分を幸福にするのは自分

他人をうらやましく思うと、そのぶん自分がみじめに感じられるものです。今の自分の幸せに焦点を絞ってみましょう。


「隣の芝生は青く見える」ということわざがあります。

とかく人は、他人のことをうらやましく思う心理傾向があるのです。

中小企業で働くある男性には、大企業に勤務する友人がいます。彼はその友人を自慢に思う反面で、いつもうらやましく思っています。

「大企業のほうが、待遇がずっといい」「名前が通った会社で働けることは、それだけで聞こえがいい」と彼はいいます。

他人をうらやましく思うと、そのぶん、自分をみじめに感じてしまうのが人の心理です。その男性も友人と自分を比較しては「中小企業で働く自分は不幸」と悩みながら、日々を過ごしているのです。

このように、むやみに他人のことをうらやましがると、**自分に今ある幸福**が見えなくなっていきます。

中小企業で働くことにも、**実際にはたくさんのメリット**があるのです。

たとえば、自分がやりたい仕事があっても、大企業は組織が大きいぶん、それを実現するには、それなりの時間や実績、根回しなどが必要になるでしょう。

一方で中小企業は、上役の即決などで、自分のやりたい仕事が通る可能性が高いという側面もあるのです。

自分に今ある幸福に気づくと、むやみに他人をうらやましく思わずにすみます。

今の幸福を知り、それを生かすことが、未来の自分を幸福にしていきます。

人から攻撃された

2章

打たれ強い心をつくる習慣

防御のための心構えを持っておく

「どんな経験もすべて、自分を成長させる訓練」
こうした心構えを持っているだけで
他人の攻撃から自分の心を守ることができます。

昨今、パワーハラスメントやモラルハラスメントといった、職場などでの嫌がらせやイジメが社会問題になっています。

職場はいわば、弱肉強食の競争社会です。部下や後輩、女性といった弱い立場の人たちが、攻撃を受けやすいのです。

ある男性も、上司からイジメにあっていました。

その上司に人前で大きな声で怒鳴られたり、人格や能力を否定されるようなことをたびたびいわれ、心を深く傷つけられていました。

「もう、あの上司の顔を見たくない。会社になんて行きたくない」

徐々に仕事への意欲も失われ、とうとう出社すらできなくなったそうです。

こうした場合、どのような対処をすればよかったのでしょうか。

ひとつには、信頼できる人に相談をして、イジメをやめさせる具体的な対策を打つことが大切です。一方で、**人から攻撃されたときの防御になる心構え**を持っておくことも、ひとつの対策といえるでしょう。

「イジメを受けることで、自分は精神的に強くなっている」

こうした考え方ができると、イジメにあっても、動揺から早く落ち着きを取り戻せ、気持ちがラクになるかもしれません。

どのような嫌な経験であれ、すべてが自分の人間的な成長に役立つと思っていれば、人からの攻撃も、**自分を強くする訓練**と考えることができます。

人に嫌われたときの上手な対処法

人から嫌われても憎まれても、開き直って「たいした問題ではない」と考えてみましょう。心を落ち着けて関係修復をはかればいいことです。

人間関係では、ちょっとした誤解や気持ちのすれ違いから、誰かに嫌われたり、うらまれたり、憎まれるようなことがあります。

たとえ、自分は相手と仲よくやりたいと思っていても、ときにはそのようなことが起こるのです。

自分が人に嫌われているとわかれば、心穏やかではいられません。

場合によっては、ショックでひどく落ち込んだり、相手に怒りを覚えるなど、激しく心を乱すこともあるでしょう。

江戸時代の浄瑠璃・歌舞伎作家、近松門左衛門は、こういっています。

「人から嫌われようが憎まれようが、それで死ぬことはない」

「死ぬことはない」とは、それほど重大な問題ではない、つまり「たいしたことではない」と説いているのです。

深刻に考えすぎると、自分自身がつらくなっていくばかりです。

人から嫌われても、憎まれても**「たいしたことではない」**と考えるほうが、自分のためだという意味が込められています。

もちろん、誤解があればそれを解き、相手と気持ちを通じ合わせて、関係を修復するよう努力をすることは大切です。

ただし、深刻に思いつめるよりも、**心を気楽にして関係修復をはかる**ほうが、感情的にならずによい結果が出せるはずです。

陰湿なイジメで追いつめられる前に……

精神的なイジメによる被害は、あくまで心のダメージです。心の中で相手と距離をおくことで「気にしない」という心の防壁をつくりましょう。

「話しかけても無視される」「冷たい態度をとられる」「人の集まりなどで声をかけてもらえない」「仲間はずれにされる」

こうした、**精神的に傷つけられる陰湿なイジメ**のことをモラルハラスメントといいます。

パワーハラスメントやセクシャルハラスメントのように、目に見える攻撃ではないため、職場でもはっきりとした違反行為とはみなされません。

自分にとってはつらくても、周囲には「ささいなこと」と思われやすく、かえって深く心を傷つけられる人も多いようです。

とくに、神経が細やかでやさしい性格の人ほど、このようなモラルハラスメントを受けると、思い悩んでしまい、心のダメージが大きくなっていきます。

「何か悪いことをしたのかもしれない」「どうしたら関係をよくできるのか」と、**相手との関係を気にかけてしまうため、心を振り回される**のです。

職場の同僚など、相手から逃げられない状況では、耐えるしかありません。

このような場合、精神的に追いつめられる前に、**心の中で相手との距離をおく**ことが、ひとつの対処法になります。

気持ちのうえで、相手に必要以上に近づかないことが肝心です。

無視されても、集まりに誘ってもらえなくても、それはそれと気にしないことです。職場では仕事以外のことで、そうした相手に近づく必要などないのです。

うわさ話はされているうちが花

人は、とかくうわさ話が好きです。
それが賞賛でも中傷でも、うわさを立てられることは
自分が人より注目されているだけのことです。

「仕事で成功した人」「才能を認められ脚光を浴びている人」「玉の輿結婚をした人」など、いわゆる時の人は、うわさ話の的になりやすいものです。

もちろん「すごい、すばらしい」といったいいうわさばかりではありません。

一方で、足を引っ張るような悪いうわさも、陰では数多くささやかれます。

「仕事はできるが、人間としては最低だ」

「ずるいことをして、成功を手にしたにすぎない」

嫉妬(しっと)からくる心ない陰口でも、こうした悪いうわさが自分の耳に入れば、やはり心穏やかではいられないものです。また、人から評価されると、それまで以上に人の評価が気になるという人間心理もあります。

こうしたうわさに一喜一憂(いっきいちゆう)をして心を乱されていては、自分のやるべきことに集中できない、自分らしさを見失うなど、人生において有益なことはありません。

たとえば、こう考えてみましょう。

「うわさを立てられるのは、自分が活躍している証(あか)し」

「うわさを立てられるのは、人より個性が際立(きわだ)っている証し」

よくも悪くも、うわさ話をされるのは、それだけ人から注目されている証拠です。「うわさ話はされているうちが花」と軽い気持ちで受け流しましょう。

人の評価を気にするよりも、**自分の夢や希望を実現することに意識を集中する**ほうが、人生においてはずっと有益です。

どんな仕打ちも「試練」に変わる

不当な差別など、つらい仕打ちを受けたときは
それを「試練」として受け入れることで
飛躍のバネに変えることもできます。

大手企業で働くある女性は、上司からの差別に悩んでいました。その上司はエコヒイキが激しい性格で、彼女は悲しいかな、上司から気に入られていません。どんなにいい仕事をしても、重箱の隅をつつくようにして小さな欠点を見つけ出しては指摘され、一方では、自分よりも実績をあげていない同僚が、その上司に気に入られているという理由だけで、評価されているといいます。

このような状況では、誰だって腹立たしい気持ちになります。彼女もやるせない気持ちから、仕事への意欲を失いつつありましたが、あるとき、考え方を変えました。

「上司から差別されるという経験で、自分は根性がついた。今のうちに実力をしっかりと蓄(たくわ)えて、チャンスが来たときに生かそう」

開き直って「上司に差別されている」という現状を受け入れ、**自分を精神的に強くする経験**と考えたのです。

それ以来、上司から差別を受けても、気持ちを落ち着けて**一生懸命に仕事をすること**だけに集中しました。その努力を上層部から認められ、彼女は大きなプロジェクトの担当部署に異動になって、おおいに活躍しています。

人から受け入れがたい仕打ちをされたときに**「この試練が自分を強くする」**と考えることもひとつの対処法です。受け入れることで、かえって気持ちがラクになり、前向きになることもできるのです。

敵がいれば、かならず味方もいる

人から攻撃を受けても、自分の周りにいるすべての人が敵というわけではありません。悲観的にならず、探せばかならず味方も見つかります。

会社のような競争社会の中で生きていると、自分の周りにいるライバルたちが、みんな「敵」に思えてくることがあります。

「隙（すき）あらば、自分の足を引っ張ろうとしているのではないか」

「自分の仕事をじゃましようとたくらんでいるのかもしれない」

一度そう思うと、不安感がぬぐえず、何かにつけて心が乱されていきます。

確かに、競争社会では、自分を敵視する人がいるかもしれません。

しかし、**「周りは敵だらけ」**ということは、けっしてありません。敵がいると同時に、自分の味方になってくれる同僚もいるはずなのです。

「自分の前にたくさん敵が現れたときは、振り返ってみればいい。味方だってたくさんいるものだ（意訳）」

大正時代の作家、生田長江（いくたちょうこう）は、このような言葉を遺しています。この「振り返ってみれば」という言葉は「探してみれば」といい換えることができます。

人からの攻撃で心が弱っていると、救いの手を差しのべてくれる人など、いないように思えることもあります。

だからといって、敵ばかりではありません。**心を落ち着けて周りを見回してみれば、実際に自分の味方になってくれる人が見つかります。**

たとえ敵がいても「かならず味方もいる」ということを忘れないようにしましょう。そうすれば、人からの攻撃を受けたときに、心をかき乱されずにすみます。

意地悪をする人の心の裏

理由もなく「意地悪をする人」は、裏を返せば人からの愛情を感じることが少ない孤独な人です。心理を理解すれば、意地悪について納得もできます。

こちらは何も悪いことをしていないのに、仕事のじゃまをしたり、嫌味をいってくるなど、理由もなく意地悪をしてくる人がいます。

身近な人から、唐突にそうしたことをされれば「なぜ、どうして」「どうすればいいのか」と気持ちが混乱します。

もちろん、相手に「意地悪なことはやめてほしい」と、はっきり意思表示をすることは大切です。しかし、相手にそう伝えたからといって、自分の気持ちの整理がつくわけではありません。

「あの人は私のことが嫌いなのだろうか」という思いが残ってしまいます。

このような場合は、**意地悪をする相手の心理を理解する**ことで「なるほど」と納得がいき、自分の心も落ち着きます。

作家の谷崎潤一郎（たにざきじゅんいちろう）はいっています。

「意地悪な人間は、さびしさをまぎらわすために人に意地悪をする（意訳）」

つまり、**意地悪をする人は往々にして孤独**なのです。自分を理解してくれる友人や愛してくれる相手がいないから、さびしさからどうしようもない気持ちになって、つい誰かに意地悪なまねをするのでしょう。

理由もなく意地悪をされたときは、相手の心を観察してみましょう。

「さびしい、かわいそうな人」という同情心が、自分の心に落ち着きを取り戻すきっかけになります。

クレームこそ人を成長させる

どんな仕事にも「クレーム処理」はつきものです。そうした人からの苦情や文句にこそ自分を成長させるヒントが隠されているものです。


仕事をしていればかならず、クレームをつけられる機会があります。

どんなにいい仕事をしても、クレームをつけられる可能性はあるものです。

相手は、取引先などのお客さんの場合もあります。

それのみならず、同じ会社で働く他部署の人から「そちらの部署の仕事が遅いから迷惑している」といった文句をいわれることもあります。

または、同僚や部下から「あなたとは仕事がしづらい」などといった苦情をいわれることもあるでしょう。

クレームをつけられると、誰もがとっさに、精神的に動揺します。しかし、そこで取り乱しては、相手からの信用を失うことにもなってしまいます。

どのようなクレームでも、**落ち着いて対処してこそ、相手から「この人は頼りになる」と思われる**のです。

たとえば、このように考えてみましょう。

「クレームの中にこそ、自分を成長させてくれるヒントがある」

実際に、クレームと誠実に向き合い、それを解決する努力をすることで、大きな成長をとげている企業は、たくさんあります。人においても同じです。クレームの中には、**仕事の能力や人間性を成長させるヒント**も多いのです。

人からの苦情、文句に対して、前向きな気持ちで向き合いましょう。取り乱さず冷静に対処すれば、**マイナスを上手にプラスに変えることが**できます。

3章

心を早く立ち直らせる習慣

ショックを隠せない

失敗をしたときこそ成功への道が開ける

失敗という経験には、成功のヒントがたくさん隠されています。失敗をしても取り乱さずにそれを次に生かせば、新しい人生が展開します。


状況はどうあれ「失敗」をすれば、誰もがショックを受けて動揺します。

多大な損失を出したり、取り返しがつかないような失敗をして「なんてことをしてしまったのだろう」と絶望的な気持ちになる人もいます。

仕事の発注ミスや、人に頼まれていたことを忘れるなど、たとえ小さな失敗でも、本人にとって一大事であれば、ひどく落ち込んで、なかなか立ち直れないこともあります。

しかし、失敗をしても、人生はそこで終わったわけではありません。

作家の吉川英治(よしかわえいじ)は、このような言葉をのべています。

「失敗は、新しい展開への第一歩である(意訳)」

一度の失敗で取り乱し、絶望したり、クヨクヨと悩み続けたりしていては、それこそ「そこで終わり」になってしまいます。

大切なのは、そこで**心を落ち着けて、失敗をしっかりと次へ生かすこと**なのです。

失敗をしてはじめてわかる、さまざまな知識やノウハウ、フォローをしてくれる人との関係など、**失敗という経験から得られるもの**もたくさんあります。

失敗をしたときは「次こそは」と考えてみましょう。

失敗から得たものを土台に新しい一歩を踏み出すことで「あのときの失敗があるから、今がある」といえる未来の成功につながっていきます。

失敗のダメージを減らす心の備え

成功を信じることは、それを実現する力になります。同時に「失敗する可能性もゼロではない」という心の備えが、次の成功への力になります。

「失敗」をしたときに受けるショックの大きさは、損失や事の重大さに比例するとは限りません。たとえば、このようなパターンもあります。

◆成功する可能性が低いことに、あえてチャレンジする

この場合は、たとえ失敗をしても、心がマイナスに傾くことは少ないでしょう。

「失敗をしても当然だ」「ダメでもともと」という気持ちがあるからです。

◆事前にある程度、失敗の可能性を予測できる

「上手くいくか、いかないかは五分五分」といったケースです。この場合も、たとえ失敗をしても、本人はそれほどショックを受けるわけではありません。

◆成功することを想定して実行する

精神的なダメージが大きいのは、この「思いがけず失敗をした」というパターンです。想定外であるぶん「そんなはずがない」と激しく動揺してしまいます。

いずれにしても、成功を信じて実行することは、とても大切です。しかし、**想定外の出来事は、どのような場合にも起こる**のです。その心構えがあれば、思いがけない失敗をしたときも、うろたえずにすむでしょう。

失敗にはかならず原因があります。肝心なのは、心の落ち着きを取り戻し、その原因を冷静に分析して、次の成功に生かすことです。

失敗を成功に変える3つのポイント

「失敗は成功のもと」ということわざがあります。失敗を「成功のもと」にするための3つの習慣が心を立ち直らせ、次へのステップになります。

失敗をしたときは、ただ落ち込むのではなく、そこから成功のヒントを学ぶことが大切です。具体的に何をすればよいのか、3つのポイントをあげておきます。

①なぜ失敗をしたのか《原因》を明らかにする

失敗は原因があって起こるものです。たとえば、仕事でミスをしたら「なぜ、そうなったのか」という理由を箇条書きにする習慣をつけると、問題点や失敗に至るパターンが見えてきます。

②同じ失敗をくり返さない《対策》を考える

原因を明らかにすると、同時に「どうすれば失敗を防げるのか」が見えてきます。たとえば、相手を怒らせたことが失敗の原因なら、言葉づかいをあらためる、連絡をこまめにするなど、怒らせた理由から具体的な対策があげられます。

③失敗から《成功のパターン》を学ぶ

対策を実行に移していきましょう。そうすると、失敗をくり返さないと同時に、以前よりも物事がスムーズに運ぶなど、「なるほど」と思う、自分にとって必要な成功のパターンが見えてきます。

どのような失敗をしたときも、パニックにならず、この3つの作業を理性的に行うことで、その失敗を成功へのステップにできます。

心の落差を小さくするふたつの言葉

「失意泰然」「得意淡然」という格言があります。
浮かれすぎず、落ち込みすぎず
心穏やかに生きていくための知恵です。

「失意泰然」とは、物事が上手くいかず、失望することがあっても、何事もなかったように穏やかな心境でいることを意味しています。

「得意淡然」とは、物事が上手くいっても、有頂天になったり、おごり高ぶることなく、やはり何事もなかったように平安な心境でいるという意味です。

物事が上手くいくと、人の心はつい舞い上がってしまいます。

しかし、人生は**「山あり、谷あり」**です。上手くいくこと、上手くいかないことが、交互にやってくるのが人生というものです。

成功して有頂天になっていた人が、次には、失意のどん底に突き落とされるような経験をすることもあります。舞い上がって浮かれていたぶん、一度つまずくと、一気に落ち込んでしまうのです。

その落差が大きいほど、上手くいかなかったときは、心が激しく乱れ、ショックからなかなか立ち直れなくなります。

上手くいったときも、舞い上がることなく平安でいられると、心の落差も小さくなり、激しく落ち込むようなことはありません。

心の浮き沈みを小さくしていくことは、心穏やかにして生きていく秘訣(ひけつ)といえるでしょう。上手くいったときも「得意淡然」、ショックな出来事があっても「失意泰然」を心がけるとよいでしょう。

「半眼」の姿勢で現実と向き合う

ショックな出来事が起こったときは
目をつぶらず、見開きすぎず
禅の「半眼（はんがん）」の姿勢で心を落ち着けましょう。

禅の言葉に**「半眼」**というものがあります。

座禅をするとき、修行者は完全に目をつぶることはしません。

目をつぶってしまうと、視界が真っ暗になり、さまざまな妄想が頭に浮かびます。すると、不安や心配といった感情に心が支配されてしまいます。

だからといって、カッと目を見開くこともしません。精神的に緊張感が高まりすぎて、やはり心が乱される要因になるのです。

目をつぶらず、見開きすぎず、「半眼」の状態でいる。それが、**もっとも心を静かに安定させる**と、禅では考えられています。

人生においても、この「半眼」の姿勢は、穏やかな心を保つ秘訣といえます。

手痛い失敗をしたり、がく然とするような問題に直面したときに、人はその現実を「見たくない」という思いから、目をつぶってしまいがちです。

しかし、完全に目をつぶってしまえば、何も見えないことで、不安や心配といった感情はいっそう大きくなります。

先が見えない暗闇の中にいては、立ち直ることもできないでしょう。

一方で、カッと目を見開いて「どうにかしてやる」と意気込みすぎても、緊張や焦りといった感情で心は乱れ、かえって新たな失敗を招くことにもなります。

目をそらさず、力みすぎず、「半眼」の姿勢で現実と向き合うことで、失敗をしても、問題を抱えても、冷静な気持ちで解決策を考えられます。

「裏切られた経験」を早く忘れるための方法

信じていた人から裏切られたときは「むしろ、よかった」と思える根拠を探すことです。前向きに立ち直るきっかけになります。

仕事でもプライベートでも、人から裏切られるような経験をした人は、その心の傷を長く引きずってしまう場合が多いようです。

一度、人間不信に陥る(おちい)と「また、裏切られるかもしれない」という思いから、人との距離をおくようになっていきます。一人で過ごす時間が多くなり、人との出会いを遠ざけたり、人づき合いそのものが楽しめなくなってしまいます。自分の将来も、前向きに考えられなくなるかもしれません。

このような精神状態のまま暮らしていくのは、自分の人生にとって、何もいいことはありません。

ドイツには**「どうしようもないことは、忘れるのが幸福だ」**ということわざがあります。どれだけ手痛い裏切られ方をしても、早く気持ちに整理をつけて、イヤな思い出は忘れ去るほうが、自分のためになります。

しかし「忘れたくても、なかなか忘れられない」という人もいるでしょう。

このような場合には、**その経験が、人生にとってプラスになるという根拠**を自分なりに見つけ出すことです。

「人は見かけによらないと学んだ」「あんな不誠実な人とつき合い続けていたら、もっと不幸な目にあったかもしれない」

それもひとつの人生経験と考え「むしろ、よかった」と思えるような根拠が見つかれば、気持ちの整理がつき、早く忘れるきっかけが得られます。

手痛くフラれても恋愛の経験値は上がる

失恋はショックな出来事ですが「恋愛」を知ることができたという幸せな経験のひとつには違いありません。


恋愛の「別れ」には、人それぞれの形があります。

つき合ううちに、お互いに愛情を感じなくなり、自然消滅のような形で別れることもあります。この場合は、心にさほど深い傷を負わずにすむかもしれません。

しかし、自分は強い愛情を感じているのに、相手から受け入れられず、捨てられるような形で別れる場合は、精神的に大きなダメージを受けることになります。

拒絶や裏切りといったショックに加えて、相手への「未練」があれば、その感情を引きずってしまい、いつまでも心をかき乱されることになります。

そうした心を静め、平穏を取り戻すために、参考になる言葉があります。

「誰にも愛されないよりも、まだ誰かに捨てられるほうがましだ」

イギリスの喜劇作家である、ウィリアム・コングリーヴの言葉です。

恋愛は相手があってこそできるものです。世の中には、その相手と出会うきっかけがなく、一人ぼっちで生きている人もいます。

たとえ、相手から捨てられるような経験をしても、一時でも**誰かに愛される喜びを知ることができた**なら、とても幸せなことです。

また、**自分が心から愛せる人と出会えた**ことも、それは幸せな経験なのです。

どんなに手痛い失恋や別れでも、恋愛を知ることができた人生の幸せな経験のひとつと考えれば、気持ちが少しラクになります。

あとは、時間の経過が解決してくれることを静かに待つことが大切です。

夢をあきらめるとき自由を得られる

大きな夢に向かって努力をしてきた人にとって「挫折」は受け入れがたい現実です。しかし、引き換えに得られるものもかならずあるはずです。

ある女性は「歌手になりたい」という夢を持っていました。

そのために、幼い頃からタレント養成学校に通い、歌やダンスのレッスンに励んでいました。歌手になる夢を心の支えにして、ひたすら頑張ってきたのです。

しかし、さまざまなオーディションを受けても不合格の連続です。プロとしてデビューするチャンスをつかめないまま、年齢だけを重ねていきました。

ある日、彼女はとうとう養成学校の先生から「残念だが、あなたは歌手に向いていない。もう、あきらめたほうが自分のためだ」と通告されました。

ショックを受けて、ひどく落ち込んだ彼女に、先生はこういったそうです。

「夢をあきらめることは、つらいかもしれない。でも、これからは自由に生きていける。これまで夢に縛られて、がまんしてきたこと、できなかったことに、思いきってチャレンジしてみたらどうか」

この言葉を聞いて、彼女の気持ちはラクになりました。

大きな夢を実現させるには、努力や忍耐が不可欠になります。

夢の挫折は受け入れがたいことでも、その**現実を受け入れることで得られる、自由や希望もある**のです。

彼女は心を落ち着け、自分の才能や可能性を見つめ直すことができました。

夢はひとつきりではありません。破れた夢にとらわれず、心を自由にすれば、次の夢へと力強く踏み出すこともできるのです。

4章

人間関係で心を乱されない習慣

会いたくない人がいる

人づき合いには「間」が大切

親しい間柄でも、相手に近づきすぎるとお互いにイヤな思いをすることがあります。つかず離れずの「適度な距離感」を保ちましょう。


「人」のことを「人間」というときがあります。

この「人間」という言葉は、昔はなかったという話を聞いたことがあります。

江戸時代になって「人」という字に「間」をくっつけて、同じ意味として使うようになったといわれます。はっきりとした学説はありませんが、そのようになったのは、**人が平穏に生きていくためには「間(ま)」を保っていくことが大切**という教訓を表したかったのかもしれません。

人間関係でも**「間」**が大事になります。

この「間」を意識している人ほど、人間関係のトラブルに巻き込まれることが少ないようです。

人と仲よく円満につき合うことは大切ですが、あまり相手にベッタリとくっつきすぎると、かえって人間関係が上手くいかなくなるものです。

好意の度がすぎて「ありがた迷惑」と嫌われたり、「余計なお世話」と敬遠されることもあります。

相手を思ってとった行動で、そのような態度をとられれば、精神的に動揺します。落ち込んだり、腹を立てたり、お互いにイヤな思いをするのです。

どんなに親しい間柄でも、**他人とはある程度の距離感を保つこと**が大切です。

上手に「間」を保つことは、お互いに波風を立てずに、平穏な心でつき合っていくための人間関係の知恵です。

「いい人」でいようと思わなくていい

いいたいことをいえず、他人に合わせているとあるとき、不平や不満が爆発することになります。「ノー」といえる自分を大切にしましょう。

いわゆる「いい人」ほど、他人の都合に振り回されてストレスをため、心を乱されやすいといえます。

人から頼みごとをされると「イヤ」とはいえず、内心では断りたいと思うときも、つい「いいですよ」と請け負ってしまいます。

自分の意思や主張を押し通すよりも、周囲の人に合わせようとします。いいたいことがあっても、つい黙り込んでしまうのです。

裏を返せば「人に嫌われたくない」「周囲から浮きたくない」という不安から、自分自身が「いい人」でありたいと思っているのかもしれません。

しかし、日々無理をしていい人でいると、心には不平や不満がたまっていきます。心が乱され続け、ふとしたときに、怒りの感情が爆発することにもなります。

古代中国の思想家である孔子の言葉に**「和して同ぜず」**というものがあります。

「和す」とは、周囲の人と仲よくすることを表し「周囲と協調はするが、むやみに同調せずに、主体性を持って生きる」という意味です。

仲がよくても、自分の意思をはっきりといえるのが「和して同ぜず」のいい関係です。**「周囲と仲よく」と「自分らしく」のバランスを上手にとっていくこと**が、心を乱されずに、平穏に保っていくコツです。

無理をしてまで「いい人」でいる必要はないのです。日々の不平や不満をためないことで、むしろ人づき合いがスムーズになるかもしれません。

「自分は自分、人は人」で心を切り替える

世の中では、常識にあてはまらないことがよく起こります。悔しさ、腹立たしさを感じても深刻にならず、人は人と割り切りましょう。

たとえば、自分よりも明らかに実力のない人が、先に出世していくことがあります。実力がないにもかかわらず、たまたま運よく大きな成果をあげたり、要領がよく、上司からヒイキにされて出世することもあるでしょう。

同僚にそのような人がいれば、やはり心穏やかではいられません。

「自分のほうが、実力はずっと上なのに」

悔しい気持ち、腹立たしい思いで、心がかき乱されます。
自分の努力がムダに思え、仕事への意欲を失ったり、ささいなことでカッとき
て、暴言を吐いてしまうかもしれません。
そうした精神状態でいることは、自分自身にとって何もいいことはありません。
仕事へのやる気を失えば、その同僚との地位の差はますます広がっていきます。
声を荒らげることをくり返せば、周囲との人間関係も悪くなるでしょう。
このようなとき、心を整えて平穏に保つコツは、**深刻に受けとめすぎないこと**
に尽きます。心が乱される出来事こそ、**楽天的に考えるほうが賢明**なのです。
実力のない人も、一時の幸運に恵まれることはあるでしょう。見えないところ
で、自分とは違う努力をしているのかもしれません。
自分は自分、人は人。まずは、**自分がやるべきことをちゃんとやっていく**。そ
うすれば、かならず評価されるときがきます。悔しさや腹立たしさといった感情
にとらわれて「自分」を見失わないことです。

不誠実な人の言動よりも自分の誠実さが大事

ずるい人に無実の責任を負わされるようなときも「自分は間違った生き方はしていない」と強い自信を持つことが肝心です。


人生には、ときに、信じがたい不条理な出来事も起こります。

ある男性は会社の命令で、大きなプロジェクトに参加していました。

そのプロジェクトリーダーは、会社の専務です。ところが、その専務の判断ミスで、プロジェクトは大失敗をしてしまいました。

しかし、専務は自分の責任を認めません。それどころか「彼のミスによって、プロジェクトは失敗した」と責任転嫁をしたのです。その結果、彼は地方へと左遷されました。相手は会社の上層部です。汚名を着せられ、泣き寝入りせざるを得なかった彼の悔しさは、はかり知れません。

では、このような筋が通らないケースでは、どのように気持ちを整理すればいいのでしょうか。

江戸時代初期の禅僧である沢庵には、次のようなエピソードがあります。あるとき沢庵は、自身にはまったく責任のない事件で、京都から現在の山形県に流罪になりました。その際、沢庵は知人に、このような手紙を書いています。

「思わぬ罪を着せられて流罪になったが、自分は間違ったことはしていない。**正直に、誠実に生きてきたという自信があるから**、心を乱されることはない（意訳）」

無実の責任を負わされることは、受け入れがたい現実です。それでも、自分自身の誠実さに**強い自信と信念を持つ**ことができれば、心の平静を取り戻すことは可能です。**不誠実な相手に、心をかき乱され続けないこと**が大事です。

「見ざる、聞かざる、いわざる」をモットーに

人間関係のドロドロに巻き込まれることなく心穏やかに生きていくためには人を非難したり、悪口に同調しないことが大切です。

よく耳にするこのことわざは、人間関係を円満にする心得を表しています。

◆**「見ざる」**……他人の欠点を見ても、見なかったことにする。
◆**「聞かざる」**……他人の悪口をいう人がいても、耳を貸さない。
◆**「いわざる」**……他人を非難することはいわない。

他人の欠点を見つけて、それを指摘したがる人がいます。

「あの人は、仕事はできても、お金にだらしない」など、人の美点よりも欠点が目につき、口に出さずにいられないのです。指摘された本人の耳に入れば「あの人だって」と、けなし合いが始まるかもしれません。**人の欠点は、あえて見ないふりをする**ほうが、人づき合いに波風が立たないのです。

また、悪いうわさ話が始まると、人はつい好奇心がわき、話に同調します。それが原因で、他人の問題や争いごとに、巻き込まれることも多いものです。**悪いうわさ話には口をはさまず、聞こえないふりをする**ほうが、自分のためです。

偉そうに人を非難したり、余計なひとことが多い人もよくいます。これも相手を怒らせたり、口ゲンカを招くもとです。**人を責めたり、批判するようなことは、できるだけいわない**ほうが賢明なのです。

とくに、職場やグループなどでは、この「見ざる、聞かざる、いわざる」が役に立つでしょう。これは人間関係のトラブルに巻き込まれないための知恵です。

「価値観が合わない」を前提にしてつき合う

価値観が合わない人とは、理解し合えないと思われがちです。価値観が合わないからこそより相手を知ることが大事になります。

ある女性は、結婚したばかりの相手と「価値観が合わない」ということで悩んでいます。ひとつ屋根の下で暮らすようになると、生活スタイルや趣味、食事の好みなどの違いが、次々にわかってきて「これほど価値観が合わない人と、今後も暮らしていけるのだろうか」と結婚生活に不安を感じているといいます。

このような男女間の問題をはじめ、人間関係ではよく、自分とは相容（あいい）れないと感じる人に対して「価値観が合わない」といういい方をします。

ものの考え方、見方、ライフスタイル、趣味や好みなど、自分と相手との違いが多いほど「価値観が合わない」と結論づけられます。

そして、自分とは相容れない、理解し合えない人と考えられ、相手と距離をおく理由として、この「価値観の違い」をあげる人も多いようです。

しかし、自分と相手との価値観が合わないことを、そこまで深刻に受けとめる必要はないのです。

考えてみれば、お互いにそれぞれ、異なった生活環境の中で生まれ育ってきたのですから、**価値観が合わないことは当たり前**です。

価値観が合わないからこそ、**相手とよく話し合い、お互いの理解を深めること**が、人間関係の絆(きずな)を強くしていきます。

他人とは価値観が合わないことを前提にして**「では、どうするか」と考えてみる**ことが大切なのです。

「ギブ」と「テイク」はイコールではない

人に尽くすときは、見返りを期待しないことです。人に何かをして喜ばれたという満足感が最大の報酬なのです。


相手に何かをしてあげるときに、見返りを求める人がいます。

「これだけのことをしてあげたのだから、相手が自分のために何かしてくれてもいいはずだ」という思いです。

誰でも多少は、そんな見返りを望むものかもしれません。

しかし、その見返りを求める気持ちが大きすぎると、心をかき乱される原因になってしまいます。

自分が一生懸命に尽くしたとしても、相手が自分の望むとおりの見返りをもたらすことなど、実際は少ないからです。

人間関係は、ギブ&テイクだとよくいわれますが「ギブ＝テイク」と等しくなるとは限りません。実際は、往々にして**「ギブ＞テイク」**となる場合が多いものです。

つまり、**与えたものよりも、得るもののほうが小さくなる**のです。

そのため、見返りを求める気持ちが大きすぎると、腹を立てたり「どうして」と相手を責める感情がわき、心を乱されることになります。

これでは、お互いに幸せではありません。

その意味では、人に何かをしてあげるときは、はじめから見返りなど期待しないほうがいいのです。**「人に何かをしてあげたこと」だけに、満足をする意識を持つ**ことが大切です。

競争社会の中でも忘れてはいけないこと

欲にかられた人は、平気で他人を傷つけます。こうした不誠実な人に心を乱されても自分は誠実に生きていくことが肝心です。

「**名誉や利益だけのために生きる人には『誠実さ』というものがない**（意訳）」

江戸時代初期の禅僧である鈴木正三（すずきしょうさん）の言葉です。

「名誉を得たい」という欲に心をとらわれると、人は平気で嘘をつくようになります。「利益を得たい」という欲に、我を忘れてしまった人も同じです。

自分の名誉や利益を得るためには、他人をおとしいれたり、だましたり、汚い手を使っても、たとえ人を傷つけることがあっても平気です。

このような心の状態を、鈴木正三は「誠実さがない」とのべているのです。

では、誠実さを失った生き方を続けると、その人はどうなってしまうでしょう。

人のうらみを買い、敵を増やし、周囲の人たちからは悪口をいわれます。苦境に立てば侮蔑(ぶべつ)され、孤立無援の中でもがき苦しむことになります。

仏教的ないい方をすれば、地獄の責め苦を味わいながら、生きていくことになるのです。

平気で嘘をつき、他人をおとしいれるような人は、身勝手な欲望に心をとらわれ、それが自分を苦しめることにも、気づくことができません。

競争社会に生きていれば、名誉や利益を得ることは、ひとつの目標にはなりますが、同時に**「誠実」に生きること**を忘れてはいけません。

こうした欲望にとらわれた人に、心を乱されることがあっても、**自分が正直に生きてさえいれば**、心の平穏はかならず取り戻せます。

お金は人に「貸す」のではなく「与える」もの

親切心から貸したお金が返ってこないのは貸した側からすれば、腹立たしい出来事です。「与えた」と考えれば、心が少しラクになります。

「お金を貸してほしい」といってくる人は、そもそもお金がありません。つまり、貸したお金は往々にして、すみやかには返ってこないものです。

イギリスの劇作家、シェイクスピアの言葉に、このようなものがあります。

「**金を貸せば、金を失い、同時に友を失う**（意訳）」

貸したお金をなかなか返してもらえないと「あの人はもう信用できないから、

つき合えない」と腹を立てることになります。

お金の貸し借りをした両人の信頼関係は、お金を貸した側から崩れるのです。

さらに、貸したお金が返ってこない悔しさ、相手への怒りやうらみといったネガティブな感情は、貸した人のほうが、ずっとあとを引くことになります。

親切心から貸してあげたにもかかわらず、踏んだり蹴ったりの状態です。

お金の貸し借りは、たとえ少額でも人間関係のトラブルの種になる筆頭といえます。他人にお金は貸さないほうがいいわけですが、自分にとって大切な相手であれば、見過ごすことができないケースだってあるでしょう。

このような場合は、**お金を貸したのではなく「与えた」**と考えることです。

「相手に与えたのだから、返ってこなくてもともとだ」と割り切って考え、気持ちを整理するしかありません。

「金は天下の回りもの」とよくいわれます。**「人助け」をしたのだから、いつか違うところから戻ってくるはず**と、前向きに考えれば、心がラクになります。

ケンカ両成敗が心の傷を浅くする

親密な間柄であるほど、ケンカになるとやっかいです。「自分は悪くない」と意地を張り合わず「自分も悪かった」と一歩譲れば、解決は早まります。

夫婦をはじめ、親子や親友、仕事のパートナーなど、いわゆる身内の関係にある人と「縁を切る」といった出来事が、ときどき人生には起こります。

親密な関係であるがゆえに、こじれると感情的になります。相手をののしり、責任をなすり合い、争いに発展するケースが少なくありません。

ロシアの詩人であり作家のメレジコーフスキーは、このようにいっています。

「どちらに離婚の責任があったのか。どちらにもあったのだ」

離婚にせよ、絶交、絶縁にせよ、両者のどちらかが、一方的に悪いということはあまりありません。多かれ少なかれ、かならず、双方ともに悪いところがあって、仲違いをするに至ったはずです。

しかし、ケンカになると人は往々にして、その責任を一方的に相手に押しつけてしまいます。「原因は向こうにある。自分は悪くない」とお互いに相手を非難し、意地の張り合いになっていきます。

納得のいく決着を見るまでは、お互いに怒りや不満といった感情で、心は激しく動揺し続けます。**争いが長引くほど、心に深い痛手を負う**ことになるのです。

いったん「縁を切る」と決めたら冷静になり、**一方的に責任を押しつけない**ほうが、スムーズに関係を解消できるものです。

「相手も悪かったが、自分にも悪い点があった」と素直に認めて歩み寄ることで、たとえ別れても、お互いに明るく人生の再出発ができます。

人と自分を比べない秘訣

「自分をよく見せたい」と思う気持ちがあると
人と自分を比べては、自ら心を乱してしまいます。
ありのままの自分でいいのです。

人間関係学の大家、デール・カーネギーが、おもしろい言葉を遺しています。

「馬や小鳥が不幸にならないのは、仲間に『いいかっこう』を見せようと思わないからである（意訳）」

つまり「人間だけが、仲間に『いいかっこう』を見せようとして不幸になる」というわけです。それは、人間には見栄を張る気持ち、虚栄心（きょえいしん）があるためです。

「同僚よりも、仕事ができると思われたい」

「友人よりも、幸せだと見なされたい」

こういった虚栄心の強い人は、いつも自分と他人とを比べてしまいます。

自分よりも優れた点の多い人を見ると、それだけで心が乱されてしまいます。

「悔しい」「うらやましい」「負けたくない」「ねたましい」

そうした感情が心に渦巻き、また、相手が身近な存在であればあるほど、心の乱れが穏やかになることはありません。

「馬や小鳥」のように、**つまらない虚栄心など持たないほうが、ありのままに自分らしく、幸せに生きていけるもの**です。

あえて他人に対して「いいかっこう」など、見せなくてもいいのです。

むしろ、つまらない見栄を張らず、**自分を大切にして、謙虚に生きている人**のほうが「かっこういい」と人から思われるでしょう。

それがわかっているだけで、人と自分を比べることが少なくなっていきます。

人と向き合うことに疲れたら自分と向き合う

「誰にも会いたくない」と思うようなときは自分と向き合う時間をつくりましょう。乱れた心をリセットすれば、再び人とも向き合えます。

禅宗で行う**座禅**には「平穏な心を獲得する」という目的があります。どんな出来事に見舞われようとも、**心を乱すことなく、穏やかな心境でいられるためのトレーニング法**が、座禅なのです。

ちなみに、座禅は、当初は「坐禅」と書かれました。

「坐」の文字は「土の上に、人が向かい合って座っている姿」を表しています。

仏教の創始者であるブッダが生きていた頃は、修行者は屋外の土の上に座って瞑想を行っていました。

後にお寺ができ、修行者は建物の中で瞑想を行うようになり「座禅」へと変わっていきました。「广」は「屋根」を表しているのです。

いずれにしても、人の向かい合う姿に違いはありませんが、これは「二人」ではなく、じつは**「一人の人間が、自分自身と向かい合う姿」**なのです。

一日の中で、静かに心を落ち着けて、自分自身と向かい合う時間をつくることで、**どんなことにも揺るがない、平穏な心境を得られる**というのが、禅の考え方なのです。

座禅をはじめ、自分に合ったスタイルで「静かに自分と向かい合う時間」をつくり、習慣にしてみてください。

日常生活では、いつも他人と向き合っています。自分と向き合う時間は、その日常で乱れた心を整える、貴重なリセットタイムになります。

5章

不安でしょうがない

プレッシャーを軽くする習慣

自分を頼りに生きていく

「自灯明（じとうみょう）」という禅の言葉があります。
他人を頼りに生きていると
自分の人生は暗闇のまま、迷うばかりです。

仏教の創始者である、ブッダの死期が近づいたとき、それを知った弟子たちは混乱しました。これまでは、師匠であるブッダがそばにいてくれたからこそ、弟子たちは惑うことなく、心穏やかに修行に打ち込めたのです。ブッダが亡くなったら、その先、何を心の支えとして生きていけばいいのかわかりません。

そこで弟子の一人は、ブッダにたずねました。

「もしお師匠様が亡くなられたら、何を頼りにして生きていけばいいのですか」

ブッダはいいました。

「私が説いてきた仏法と、そして自分自身を頼りにして生きていきなさい。そうすれば、これまでどおり、心穏やかに生きていけます」

この**「自分自身を頼りにして生きていく」**というブッダの言葉から**「自灯明」**という禅語が生まれました。その言葉の裏には**「他人を頼りにしてはいけない」**という教訓が含まれています。

他人のアドバイスや行動を、自分の生き方の参考にしていくことは大切です。しかし、他人に依存して生きていると、やがて自分自身の生き方を見失ってしまうことになります。他人に振り回されて迷走し、自分の人生に満足できません。いつも不安や不満を抱えて、心が乱され続けます。

自分で考え、自分で決め、自分らしく生きていく。自分が頼りという「自灯明」の覚悟を持ってこそ、心を落ち着けて、迷いなく生きていけるのです。

不安の正体を知る

見えない不安は、どんどん膨(ふく)らんでいくものです。
不安に押しつぶされそうなときは
「何が不安なのか」をノートに書き出してみましょう。

「仕事も生活も、自分の将来も、不安でしょうがない」という人がいます。

しかし、その不安とは、具体的にどういうものなのか、じつは自分自身でもはっきりと理解しないまま、心が不安でいっぱいになっていることもあります。

禅に**「達磨安心(だるまあんじん)」**という言葉があります。

達磨は、インドから中国大陸に渡って、禅を広めた人物として知られています。

達磨が禅の修行をしていると、一人の修行者が現れてこう問いかけました。

「私はいくら修行を重ねても、不安でしょうがありません。どうしたら、安心を得られるのでしょうか」

「ならば、私がおまえを安心させてやるから、おまえがいう『不安』を持ってきて、どんなものか私に見せてくれ」と達磨は答えました。

その修行者はさんざん考えた末に「不安を持ってきて、お見せすることはできません」と答えました。

「そもそもおまえには『不安』などなかった。だから、安心するがいい」

この達磨の言葉を聞き、修行者はやっと安心を得ることができました。つまり、自分で「不安」という妄想をつくり出し、思い悩んでいたにすぎないのです。

「不安でしょうがない」という人は、**その不安の具体的な内容をノートに書き出してみる**といいでしょう。

その正体がわかるとむやみに「不安」に振り回されずにすみます。

「無心」のすすめ

仕事にプレッシャーはつきものですが
余計な心配をすると、いい結果は出せません。
ただ「無心」で仕事をしてみましょう。

禅の修行では**「無心」**ということが重要視されます。

無心でいてこそ、内容の充実した、いい修行ができるといわれます。つまり、短い時間で、実りの多い修行を実現できるのです。

これは、日常の仕事でも同じです。無心になって働いてこそ、充実した、いい仕事ができます。効率よく、生産性の高い仕事ができるのです。

では「無心」とは何かというと、それは、何も考えないということではありません。何も考えずに、ただぼんやりと修行や仕事をしていても、実りある成果が得られるはずはありません。

「無心」とは、**余計な考えにとらわれない**ということを意味します。

たとえば、仕事である大きなプロジェクトを任されたとします。

「失敗をしたらどうしよう。責任をとらなければいけない」と、不安とプレッシャーに押しつぶされそうになる人もいます。

一方で「成功すれば給料も増える」と浮かれてしまう人もいます。

結果を出す以前に、不安に思い悩むことも、また、期待に胸を膨らませることも、どちらも余計な考えです。こうした**余計な考えに心をとらわれず、ただ、ひたすら仕事にまい進すること**が「無心」なのです。

まずは、目の前のやるべきことに集中しましょう。心を平穏にすると、深くものを考えられ、集中力が高まります。無心を心がければ、いい仕事ができます。

恐怖や不安から自分を守るための心得

恐怖や不安から逃れるためについた小さな嘘がかえって、恐怖や不安を大きくすることもあります。どんな場面でも、正直でいることが大切です。

心理学に「自己防衛」という言葉があります。わかりやすくいえば、**恐怖や不安といった感情から、自分の心を守ろうとする欲求**です。

ただし、この自己防衛という機能を間違った方向に働かせると、自分を守るどころか、かえって恐怖や不安で心をかき乱されることになりかねません。

たとえば、仕事でミスをして「しまった、上司に叱られる」と思うような場面です。こうしたとき、人は「叱られる」という恐れや不安から、とっさに「自分は知りません。誰がやったのかわかりません」といった嘘をついてしまうことがあります。たとえ、その場は叱られずにすんでも「そのうち、嘘に気づかれるかもしれない」と、かえって恐れや不安を抱え込む状況に陥るのです。

アメリカの初代大統領であるワシントンには、こんなエピソードがあります。ワシントンは子供の頃、父親が大事にしていた桜の木を斧で切ってしまいました。切られた木を見つけた父親はカンカンに怒り、子供たちや家の使用人を集めて、「この木を切ったのは誰だ」と怒鳴りつけました。ワシントンは、正直に「僕が切りました」と告白しました。すると父親は、彼を叱らずに「おまえの正直な心は、この桜の木以上の価値がある」とほめました。

恐怖や不安から逃れるために、その場しのぎの嘘をつくよりも、むしろ**正直でいるほうが、自分の身を守ることになる**のです。どんなに苦しい場面でも、**自分をとりつくろわないこと**は、自己防衛機能を正しく働かせるコツです。

人生に必要なのはお金だけではない

お金のない貧しさに心を乱されているときは本をたくさん読んでみましょう。心を豊かにすれば、平穏な生活は送れるものです。

「貧しき者は書によって富む」ということわざがあります。

この「富む」とは、お金持ちになるということではなく「精神的に豊かになる」という意味です。

豪邸に住み、ごちそうを毎日食べて、高価なブランド品を身にまとうといった生活ができなくても、本を読むことができれば、**教養を高め、知識を増やし、心**

を豊かにすることはできます。「たとえ、お金がなくて貧しくても、悲観する必要はない」と、このことわざは教えているのです。

もちろん、お金は生活の必需品です。健全な生活を送っていくためには、ある程度のお金は必要です。

しかし、お金さえあれば、安心して暮らしていけるかといえば、かならずしもそうではありません。お金持ちでも、さびしい毎日を送っている人はいます。お金によって起こる争いや裏切りなどで、心をかき乱されている人もいます。

心安らかな生活を送るには**「豊かな心を持つ」**ということが、必要になってくるのです。

たとえ、本を買うお金がなかったとしても、図書館などで自由に本を読むこともできます。周囲の人から、本を借りることもできるでしょう。

お金が乏しいならば、代わりに、本を読んで心を豊かにしましょう。心を穏やかにするとともに、お金の不安を解消するきっかけも見つかるかもしれません。

「悪い予感」と「いい予感」の法則

失敗をする自分をイメージしていると
ますます緊張と不安が大きくなります。
成功する自分を意識的にイメージしてみましょう。

ネガティブな予感は、心の不安をあおり、悪い結果を招く要因です。

たとえば「人前で話すのが苦手」という人がいたとします。

仕事の会議やプレゼンなど、人前で話をする状況に遭遇すると、苦手意識が強いぶん、いい予感よりも悪い予感で頭がいっぱいになります。

「きっと、上手くしゃべれない。おどおどしてしまい、失敗するに違いない」

ネガティブな予感のために、いっそう緊張して、落ち着きを失ってしまい、自ら失敗を招くことにもなるのです。

人生には、不思議なことに、**悪いことを予感すると、実際に悪いことが起こる**という法則があります。

一方で、**いいことを予感すると、実際にいいことが起こる**という法則も、成り立つのです。

緊張感から悪い予感しかしない場合は、それを打ち消す意味で、**意識的に「いい予感」を働かせる**ことを習慣にしてみましょう。

人前で話す前に「大丈夫。きっと、上手くいく」と自分にいい聞かせ、実際に人前で上手に話している、**自分自身の姿をイメージする**のです。

ポジティブな予感で頭をいっぱいにすると、必要以上のプレッシャーを感じることなく、気持ちも落ち着いてきます。

穏やかな心で本番に臨めば、実際に上手くいく可能性も高くなるのです。

やるべきことをしっかりやる

まずは、必要なことをしっかりとやって
「安心」を得ることが大切です。
たとえ結果が悪くても、心穏やかにいられます。

儒教に**「安心立命（あんしんりつめい）」**という言葉があります。

「立命」には、やるべきことをしっかりやって、その後どういう結果が出るかは天命に任せるという意味があります。

そうすることで、自身は穏やかに**「安心」**していることを表す言葉です。

ここで、大切なポイントは、**やるべきことをしっかりやる**ということです。

だからこそ「どのような結果が出るかは、気にならない。よくてもよし、悪くてもよし」という、安らかな気持ちになれるのです。

仕事でも、試験勉強でも、やるべきことをしっかりやっていれば、結果が出るまでの間に、心を惑わされることはありません。

逆にいえば、やるべきことをやっていないと、結果が心配でなりません。

「悪い結果が出たら、叱られる。ライバルにもまた差をつけられるだろう」

「あのとき、なまけたのがよくなかった。いい結果は出ないだろう。これまで頑張ってきたのに、自分はなんておろかなのだろう」

不安や恐怖、後悔、自己嫌悪の念などで心が激しく乱され、責任が心に重くのしかかってきます。

何かに取り組むときは「安心立命」を思い出してみるとよいでしょう。

まずは、やるべきことをしっかりやる。そして、結果が悪く出た場合も、**仕方がないと納得して開き直る**ことで、穏やかな心境を得られます。

孤独の裏には自由がある

一人暮らしには、不安やさびしさがつきまといます。その場合は、一人身の自由に目を向けてみましょう。自由を存分に味わうほど、孤独感は減っていきます。

結婚率が低下し、離婚率が高まっている現代では、シングルライフを送る人も増えてきています。

「このまま、一生独身で過ごすことになるのだろうか」

一人身の人には、パートナーがいない不安やさびしさはつきものです。孤独感で心が大きく乱され、精神的にまいってしまうこともあるかもしれません。

その不安を解消したいと望んでも、人生のパートナーは、誰でもいいというわけではありません。いつ、よい相手が見つかるとも限りません。

ある程度の年齢まで、家族を持たずに生きてきた人は、どこかで**その人生を受け入れる覚悟を持つこと**も必要でしょう。

「一人で生きていく」という覚悟を持たなければ、ずっと不安やさびしさに心を乱されながら、人生を過ごしていかなければならないのです。

五十代のある独身男性が、次のような話をしていました。

「一人暮らしだからこそ、何もかもが自由だ。どんなライフスタイルも趣味も自由に楽しめ、時間もお金の使い方も自分で決められる。こんなにいいことはない」

独身生活には孤独の反面で、そうした**自由や気楽さといったいい面**もあるのです。それは、家族と暮らす人にはなかなか得がたい幸せともいえるでしょう。

独身のいい面に目を向け、それをせいいっぱい味わえば、不安やさびしさがあっても、**心を穏やかに保って生きていく**ことができるのです。

「安心」を得れば不安は消えていく

お金が足りない、仕事がない、愛情がほしい……
欲張るほどに、不安や心配も増えていきます。
今あるものに満足する「安心」を知りましょう。

「安心」は日常でよく使われる言葉ですが、仏教にも**「安心」**という言葉があります。仏教では、「あんじん」と読む場合もあります。不安、心配、怒り、イラ立ちといった感情から解き放たれた、**安らかで穏やかな心の状態**を表します。

仏教の目的は、この「安心」を得ることともいえます。

では、どのようにすれば「安心」を得ることができるのでしょうか。そのためにもっとも大切とされる、仏教のひとつの考え方があります。

「欲を少なくして、少ないもので満足する気持ちを養う」

人間の欲望にはきりがありません。これを手に入れれば、あれもほしくなるといった具合に、欲はどんどんわいてくるものです。自らの欲に振り回され、満たされることがなければ、とても心穏やかな生活など望めなくなります。そこでまずは、**欲を小さくすることが大切**と考えるのです。

たとえ、わずかなお金しかなくても、社会での地位がそれほど高くなくても、今与えられているものに満足する気持ちを養っていくことが「安心」を得る秘訣（ひけつ）です。いい換えれば**「満足する心」の中にこそ「安心」がある**といえるでしょう。

欲に振り回されているうちは、この「満足する心」を自分のものにすることができません。欲をかけばかくほど、遠ざかっていくでしょう。

心の不安は、満たされない思いから起こるともいえます。蓄え（たくわ）がない、足りないと思うのではなく、**今与えられているものに満足する心**を養いましょう。

6章

倒れない心をつくる習慣

不運ばかりでつらい

人生どん底の状態を受け入れてみる

人生にはいいときも悪いときもあります。
どん底の不運を味わったら
そこが「頑張りどころ」なのです。

人生には「何をやっても上手くいかない」というときがあります。

仕事でもうだつが上がらない、職場の人間関係も上手くいかない、おまけに私生活ではトラブルばかり……。まさに、どん底のような状態です。

しかし、ここで悲観的になる必要はありません。取り乱して「もう、何もかもイヤ」「人生おしまいだ」などと、思いつめる必要はないのです。

どん底と思うのなら、もう、それ以上落ちていくことはないということです。あとはもう、上昇していくしかありません。

つまり、**現状から目をそらすのではなく、むしろその状態を受け入れてしまうほうがいい**ということです。

今がどん底なら、もう、怖いものはありません。気持ちを落ち着けて、**少しの時間、じっとがまんをして頑張ってみる**ことです。そうすれば、かならず運勢は、少しずつ上を向いていきます。

「死んだ気になって頑張る」というい方があります。

これは、今が最悪の状態なのだから、これ以上、最悪のことは起こらないと開き直るときに使われます。いい換えれば、そのように、**開き直って頑張っていくしか、どん底の状態から抜け出す方法はない**ともいえるでしょう。

ここで悲観的になってしまったら、頑張る意欲も失ってしまいます。今の状態を受け入れ、開き直ることで、どん底からはい上がるきっかけをつかめます。

苦しくつらいときこそ大切にしたいこと

現実の厳しさに打ちひしがれたときこそ心を前向きにして楽しくする努力をけっしてあきらめてはいけません。

中国の思想書である『菜根譚（さいこんたん）』に「**苦しくつらい状況の中でも、気持ちを楽しく保つ。それが平穏に生きるコツだ**（意訳）」といった一文があります。

生きていれば、苦しいこと、つらいことが、たくさんあります。

一生懸命に頑張っているつもりでも、その努力を認めてもらえないときもあります。それどころか、能力がないと周囲から非難される場合もあります。

いつもそばにいてほしいと思っていた相手に、ちょっとした誤解から嫌われてしまい、ケンカ別れのようになってしまうこともあります。

人生の苦しい、つらい場面で「気持ちを楽しく保つ」ということは、確かに簡単なことではありません。

しかし「そんなことは無理だ」とあきらめないことが肝心です。

どんなに苦しい、つらい出来事に見舞われようとも、人は**自分の幸福**を求めて、生きていかなければなりません。今日よりも明日を少しでもいい日にするように、努力することが大切です。

その意味では、**困難な状況だからこそ、気持ちを楽しく保つ**必要があります。

たとえば、同じ物事も考え方ひとつです。

「こんな苦境は、たいしたことではない」

「ここで頑張れば、人間として成長できる」

このように**気持ちを前向き**にすれば、かならず楽しさが生まれます。

災難は「天罰」ではない

現実として受けとめがたい災難にあったとき「天罰だ」と自分を責めないことです。「天の声」として立ち直るきっかけをつかみましょう。

「何も悪いことなどしていないのに、まるで悪いことをした天罰のようにして、ひどい目にあうことがある（意訳）」

これは作家の武田泰淳（たけだたいじゅん）の言葉です。自分の身の上に思いがけない災難が降りかかったとき、たいていの人が、このような心境になるのではないでしょうか。

たとえば、地震や洪水といった自然災害のために、家に大きな損害を被る（こうむる）こともあります。

突然の災難に見舞われれば、誰もが絶望的な気持ちになります。何か悪いことをしたわけではありません。正直に、まじめに生きてきたのです。

「もしかしたら、自分が悪いことをしたためにもたらされた天罰ではないか」

このように心が動揺し、天罰として自分を責め、苦しい思いにとらわれてしまう人が多いのも事実です。

しかし、災難を天罰ととらえると、再起する力がわいてきません。これは「天罰」ではなく、次のような**「天の声」**と考えることが肝心になります。

「この機会に人生をリセットして、心機一転、はじめから人生をやり直しなさい」

つまり、以前よりも、もっと充実した人生を実現できるだろうという、**天からの励まし**と考えてみるのです。むやみに自分を責めると、絶望感から抜け出せなくなります。新たな生活を始めるためには、その災難を天罰ではなく「天の声」と考え、割り切る気持ちが大切です。

運命を受け入れるとき運命が開ける

「信じられない」と問いかけても現実に起こったことは変わりません。運命を受け入れてこそ、次の一歩が踏み出せます。

江戸時代の禅僧、良寛(りょうかん)は、越後(えちご)（現在の新潟県）で暮らしていた時代に、たくさんの死者を出す大地震に襲われています。良寛は難を逃れ、無事でした。そのときに知人たちから届いた、たくさんの見舞いの手紙の中に「自分もとんだ災難を受けて、気持ちが滅入(めい)っている」という手紙がありました。そこで良寛は、このような返事を書きました。

「災難にあうときは、災難にあえばいいのです。死ぬときは、死ねばいいのです。そう考えることが、心に平穏さを取り戻す、もっともいい方法です（意訳）」

この言葉は**「運命を受け入れることの大切さ」**を表しています。

突然の災難に見舞われたとき、人はその運命をなかなか受け入れられません。「どうしてこんなことになったのか」という気持ちに、いつまでもとらわれてしまうのです。

しかし、現実を受け入れられないでいる限り、心の動揺はいつまでもおさまりません。「信じられない」といくら問いかけたところで、**災難はすでに起こってしまったこと**です。その運命を受け入れるしかないのです。

運命を受け入れると「では、この先どうやって生きていくか」と考え始めます。一度、先へと目が向かえば、もう、滅入ったり、落ち込んだりしているひまはないでしょう。**気持ちを落ち着け、前へ進んでいく**しかありません。運命を受け入れ、心を平穏にすれば、また歩き出せる。良寛は、そう伝えているのです。

不運は幸運に変わる

ありえない不運も「強運」には違いありません。
運の強さを前向きにとらえて生かせば
不運な出来事が、未来の幸運に変わります。

ある男性は、どういうわけか、就職する会社が次々と倒産してしまうという、不運にあっています。

新卒で最初に就職したのは、小さな広告代理店でしたが、一年で倒産してしまいました。その後、ＩＴ関係の会社に転職しましたが、そこもすぐに倒産。次の転職先は、飲食関係の会社でしたが、そこも倒産してしまいました。

二十代のうちに就職した3社が、すべて倒産するという、あり得ないような経験をしたのです。

「自分は、なんて運がない人間なのだろう。この先もまた、同じ経験をするかもしれない」と落ち込み、再就職活動の意欲もわいてこないというのです。

確かに不運続きかもしれませんが、一方で、彼は**むしろ「運がある」**ともいえます。なぜなら、就職難の時代に、すでに3社も就職できました。さらに、二十代の若いうちに、さまざまな業界の仕事を経験し、知識を得ることもできました。

見方を変えれば、幸運に恵まれたといえるのです。

もっと積極的に次の就職先を探し、これまでに蓄（たくわ）えた経験と知識を生かしていけば、これまで以上の活躍ができるに違いありません。

不運にしか思えないような出来事でも、考え方によっては、幸運に変わるものです。「運がない」を「運がある」に変えて、心に落ち着きを取り戻し、その出来事から得た経験と知識を次のチャンスに生かしていくことが大切です。

つらいと思うほど実際以上につらくなる

現状のつらさを思いつめると実際よりもっと、つらく感じられます。現実を見つめ、そのままに受け入れましょう。

禅のエピソードに、このようなものがあります。

9世紀頃の中国で、ある修行者が師匠にこうたずねました。

「冬、寒くてしょうがないときには、どうすればいいですか。夏、暑くてたまらないときには、どうすればいいですか」

師匠は答えました。

「寒いときには、寒さに徹しなさい。暑いときには、暑さに徹しなさい。それが寒さ、暑さのつらさから逃れる唯一の方法だ」

この禅語にある**「徹する」**という言葉には**「むやみにイヤがらず、つらいと思わず、受け入れる」**といった意味があります。

つまり「寒くてイヤ」「暑くてつらい」と否定的な感情を持てば、それが自分の心の中でますます大きくなり、寒さ、暑さがいっそう耐えがたくなります。寒さ、暑さをそのまま受け入れると、むやみに心が乱れることなく、気にかからなくなるといっているのです。

人生の苦境に陥(おちい)ったときも同じでしょう。その状況を「イヤだ、つらい」と思うほど、気持ちが滅入っていくばかりです。

むしろ、**自分が経験している苦境を真正面から受けとめ、それを受け入れる**ように心がければ、気持ちが落ち着いてきます。まず、心を立て直すことで、苦境を抜け出す知恵も勇気も生まれてくるものです。

日々の苦痛を消すコツ

どんなにつらい、つまらない仕事でも
ただ、一生懸命に没頭することが大切です。
雑念が消え、心が清らかになります。

禅語に**「瑞(ずい)」**というものがあります。

「清らかな心境」「若々しい心」「美しい気持ち」といった意味を表します。

禅では、**何事であれ一生懸命になって没頭すること**で、この「瑞」という心境を得られると考えられています。座禅はもちろん、掃除、庭の雑草取り、炊事もすべてが修行であり、一生懸命になって没頭することが大事だと教えるのです。

日常の仕事や生活にも、ときに修行と感じるような「つらい」「苦痛だ」「つまらない」といったことは、いくらでもあります。そのような雑念や迷いに心をとらわれず、やるべきことをただ、一生懸命に没頭してやってみることです。

どのようなことでも、何かひとつのことをやり終えたあとは、清らかで爽快(そうかい)な気持ちになります。

つまり「どのような仕事をするか」が大事なのではなく、肝心なのは**「どのように取り組むか」**なのです。

つらい、つまらないと思うことをイヤイヤ、仕方なしにやっていては、それをやり終えても「ああ、やっと終わった」「しんどかった」と思うだけでしょう。

大きな仕事も、ささいな用事も、どのようなことも、ただ一生懸命に没頭すれば、心は清らかな爽快感に満たされます。

「瑞」を味わうほどに、日々の仕事や生活に充実感が生まれ、明日への生きる意欲にもつながっていくのです。

「まとめ役」は人生のトレーニング

人のまとめ役は、面倒なことが多いものです。
運が悪かったとイヤイヤ引き受けるよりも
自分を鍛（きた）えると思えば、気持ちがラクになります。

社会人であれば、職場やプライベートで「幹事」「会長」「委員長」といった、いわゆる「まとめ役」を任されることがあります。そのような、人の集まりを仕切ることが好きな人もいますが、一方で、まとめ役が苦手な人も多いようです。

そもそも、人の集団を仕切ることは、苦労がつきものです。

なかには、役割分担を頼んでも非協力的な人もいます。わがままをいう人、勝手な行動をとる人もいます。そうした人たちをまとめるのは、大変なストレスを伴います。

それでなくても、日常の仕事や家事などに忙しいのに、他人のために苦労まで背負わされることに、抵抗を感じる人も多いでしょう。まとめ役を苦手とする人にとっては、とても心穏やかではいられません。

「つらい」「面倒くさい」「わかってくれない」など、さまざまなネガティブな感情が渦巻いて、心が乱されていくのです。

こういった場面では、**発想を転換する**しかないでしょう。

非協力的な人、わがままな人をまとめていくことは、**交渉力を身につけるための絶好のトレーニング**になります。たとえ、みんなに苦労をわかってもらえなくても、**人のために役に立ててよかった**と、考えることもできます。

自分を鍛え、人として成長させるための練習と考えれば、心を乱されず、平穏な気持ちで引き受けることもできるものです。

一生懸命にやることのメリットを知る

やりたくないけど、やらなければいけない。そう思う仕事こそ、一生懸命にやってみましょう。成果と楽しみが、相乗効果で増えていきます。

会社で働いている人は、多くの場合、仕事を自分で選ぶことはできません。自分にとってはつまらない仕事、苦痛を感じるような仕事であっても、会社や上司の命令であれば、やらなければならないことなのです。

責任を果たすために、途中で放り出すわけにもいきません。「やりたくない」という思いにとらわれている限り、ストレスは増すばかりです。

こうした**「やらなければならない仕事」**は、どのみちやるなら、それを楽しむほうが得策です。そのほうが、自分のためにも、会社のためにもいいはずです。

まずは、**一生懸命になってやってみる**ことです。すると、次のようなプロセスで、徐々に成果とともに、その仕事へのとらえ方が変わってきます。

①仕事が上達する↓**自分の成長**を実感できる。
②効率がよくなる↓**生産性の高い仕事**ができるようになる。
③評価される↓**やりがい**を感じられるようになる。

自分にとって、どんなにつまらない、苦痛を感じるような仕事でも、とりあえず一生懸命に取り組んでみると、かならずだんだんと成果が表れます。「やらされている」という意識があるうちは、ストレスでしかなかった仕事が、成果を感じるようになると、**自分にとっての楽しみ**に変わっていきます。

雑用をするときは好きな歌を口ずさむ

人の感情は、ふとしたきっかけでまるで変わります。歌を口ずさむだけで、つまらなかった仕事が楽しくなるかもしれません。

禅の修行の中心は座禅ですが、同時に重要視されるのが「作務（さむ）」です。作務とは、お寺の掃除など、いわゆる「雑用」を意味しています。雑用とはいっても、それは座禅と同様に「悟りを得る」ための重要な修行だと考えます。それが禅の特徴です。

ある禅僧から、次のような話を聞いたことがあります。

その禅僧がお寺での修行を始めたばかりの頃、庭の掃除、お堂の掃除、トイレ掃除など、さまざまな作務をやることになりました。正直にいって、彼は作務がイヤでたまらず、つらくてしょうがなかったといいます。

そこで、彼は童謡や歌謡曲など、好きな歌を口ずさみながら、それらの作務をするようにしました。もちろん、お寺ですから、大声で歌うことはできません。人に聞こえないような小さな声、あるいは、心の中で歌うのです。

すると、作務が以前ほど、苦痛ではなくなりました。「イヤだ」という思いに心を乱されることなく、落ち着いて従事できるようになりました。

彼は、**工夫次第でイヤな仕事も楽しむことができる**と悟ったのです。

人の感情というものは、こうした、**ちょっとした工夫**をきっかけに、ころりと変わるものなのです。

たとえ雑用でも、それは仕事です。おもしろくない、つらいと感じている仕事ほど**「自分なりの楽しむ工夫」**をしてみることが大事です。

ケガや病気も考え方次第

突然の病気やケガで働けなくなることもあります。ショックなうえに不安や焦りはつきませんが開き直って療養期間を生かす気持ちが大切です。

「やりたくてもできない」という状況は、よく起こることです。とくに、思いがけないケガや病気などで、療養を余儀(よぎ)なくされる状況は、本人にとってはつらいものです。

たとえば、現役でバリバリ働いていた人が、病気で長期入院することになったとします。当事者とすれば「こんな大事なときに、入院なんてしている場合ではない」と、焦りやイラ立ち、ショックで心は大きく動揺します。

しかし、そこで無理をして働けば、いっそう病気を悪化させることになります。しっかりと療養をして、早く復帰するほうが得策なのです。

精神的に余裕のある入院ならば、**気持ちを穏やかにして、療養生活を送ること**が大事です。そのための心構えをあげておきます。

◆これまでにたまった**疲れをとる休暇**と考える。
◆休んでいる時間を利用して、**これからの人生について**ゆっくり考える。
◆日頃はかなわなかった、**家族との絆（きずな）を深める絶好の機会**とする。
◆忙しい日常ではできなかった**読書や勉強、趣味**などに取り組む。

状況はどうあれ、働けない現実は、受け入れるしかありません。同じ時間を過ごすのであれば、その療養期間を心穏やかに、充実させる気持ちが大切です。

心の傷が深いほど人にやさしくできる

大人になってからよりも、むしろ子供の頃に受けた心の傷は深いものです。しかし、その傷で他人の傷を癒(いや)すこともできます。

子供の頃に受けた「心の傷」というのは、その後の人生に何かしらの影響を及ぼしてくるものです。

幼い頃、家庭的に幸福に恵まれなかった人もいます。

経済的に苦しい家庭で育った人もいます。親から暴力を受けたり、愛情を注いでもらえずに育った人もいます。離婚や事故、病気などで親を失い、片親、あるいは親類のもと、施設などで育ったという人もいます。

状況はさまざまですが、家庭環境から負った心の傷のために、大人になっても劣等感などに苦しむ人がいます。

しかし、不幸な家庭に育ち、心に傷を負いながらも、平穏な日々を大事に、幸せな人生を送っている人がいることも事実です。

心に傷を持つ人は、いい換えれば、**他人の心の傷にも敏感**です。どういうことをいわれ、されると、心が傷つくかを知っているのです。

ですから、周囲にもし、心が傷つくような経験をしている人がいれば、親身になってなぐさめてあげることもできます。

そのような人の周りには、**穏やかで温かい人間関係**がつくられていきます。

もし、今も子供の頃に受けた心の傷で苦しみ、心を乱されているならば、その**心の傷を他人のために生かす**ことです。人の痛みを理解できる、やさしい人になることで、心を平穏に保つことも、幸せな生活を送ることもできるのです。

「努力は報われる」という信念を持つ

頑張っても成果が出ないと、自分が無力に感じられるものです。そのようなとき支えになるのは、自分を信じる心です。

大きな困難のある仕事に立ち向かうとき、自分がいくら努力をしても報われないということもあります。そのようなとき、一番つらいことは、自分が無力であると思い知らされるような、むなしさかもしれません。

ある女性は、ホームレスたちの生活を支えるためのボランティア活動をしています。彼女自身は一生懸命に努力しているのですが、しかし、ホームレスたちの生活はなかなか改善しません。その数も減りません。頑張っても、目に見える成果が出ない現状に、彼女は気持ちが滅入ることも多いといいます。

こうした慈善活動や社会問題改善のための仕事などは、努力のわりに、報われないということも多いようです。

それでも、めげることなく**「いつかかならず、努力は報われる」**と信じていかなければ、その仕事を続けることはできません。

キリスト教の修道女にして慈善活動家だったマザー・テレサは、こんな言葉を遺しています。

「私がやっていることは、一滴の水ほどのことにすぎない。しかし、一滴一滴の水が集まれば大きな海になる」

これは、**小さな努力でも、それを積み重ねていけば、大きな成果をあげる**という意味です。どんなに困難な仕事でも、成果を急がずに、努力が報われる日が来ることを強く信じれば、心を穏やかに保って、仕事を続けていくことができます。

7章

怒りをすっと静める習慣

カッとなる、イライラする

売られたケンカは買わないのが「賢い人」

「君が悪い」「いや、悪いのはあなただ」
相手につられて、自分まで怒りで心を乱さないために
ケンカを売られても「買わない」と決めましょう。

身近な人から、いきなり、怒りの感情を向けられるときがあります。

たとえば、一緒に仕事をしている同僚から、文句をいわれる場合です。

「もっとまじめに仕事をしてくれよ。君のために、こちらは迷惑しているんだよ」

そんないい方をされたら、思わずカチンとくるものです。

「自分の都合ばかり押しつけるな。こちらこそ、あなたのおかげで迷惑しているんだから」とつい、いい返してしまいがちです。

いわゆる「売り言葉に買い言葉」です。相手の暴言に黙っていられず、そこから果てしのない口ゲンカへと発展していくのです。

しかし、このようなことわざもあります。

「ケンカはあとにせよ」

もしも、誰かにケンカを売られるようなことがあっても、ケンカをするのはあとにすること。まずは心を静めて、相手と話し合う姿勢を持つことが大切だという意味です。

「怒りを向けられても、怒り返さない」

「悪口をいわれても、ムッとしない」

これは、**相手の怒りに振り回されて、自分まで心を乱さない**大切なコツです。

いきなり怒鳴られるようなことがあっても、**自分が冷静であれば、相手も気持ちを静めます**。無意味な口ゲンカを回避して、お互いに心の平静を保てます。

火事も怒りも小さいうちならすぐに消火できる

怒りは大きくなるほど、消し去るのが難しくなります。カッと頭にきたときは、すぐにその場で気持ちを静めるように心がけることが大切なのです。


怒りを静める方法のひとつに「心の中で十を数える」というものがあります。

カッと頭にくる経験をしたとしても、怒りの感情をすぐに表に出すのではなく、とりあえず、心の中で「一、二、三……」と数えてみるのです。

それは、ほんの短い時間です。しかし十まで数え終わるときには、**怒りの感情がすっと消えてしまっている**ことがよくあるのです。

怒りという感情が心に生じたとき、それが小さいうちなら、すぐに消し去ることができます。しかし、怒りを放っておくと、それはどんどん大きくなって、手がつけられない状態になってしまいます。

その意味では、怒りは、火事と同じです。

火事は、小さいうちならすぐに消火できますが、大きくなってしまうと、なかなか消火できません。それどころか、隣近所にまで燃え広がっていく危険すらあります。

怒りという感情も同様に、大きくなってしまうと、消し去るのが難しくなります。そして、ある人に対して怒っただけでは気持ちが収まらずに、周囲の人にまで八つ当たりをするといったように、どんどん燃え広がっていくのです。

カッと頭にきたり、イラッとしたときは、ひとまずその場で十まで数えてみましょう。**怒りの感情は、小さいうちに消すように心がけることが**、早く冷静な心を取り戻すために、とても大切なのです。

怒りをあらわにすればするほど相手には伝わらない

いつも身近にいる人にほど
つい、イラッとくることがあるものです。
あえて冷静に、いいたいことを相手に伝えましょう。

身近な人に対して、ついイラッと怒りの感情がわいてしまうことがあります。

友人のひとことが気にさわって「そんなことないよ」と、ムキになって怒る人もいます。要領の悪い同僚のために、自分の仕事まで遅れそうになり「もっとテキパキ仕事ができないの」と、怒鳴り散らしてしまう人もいます。

しかし、こうした日常でよくある出来事にいちいち怒っていては、心を平穏にして生きていくことなど、不可能になってしまいます。

身近な人に腹が立ったときに大切なのは、それを**「怒りの言葉」にして口に出さない**ということです。

平安中期の貴族、藤原師輔(ふじわらのもろすけ)の言葉に、このようなものがあります。

「身近な人に腹が立つことがあっても、怒りは心の中にとどめ、怒りの言葉を口に出さない(意訳)」

これは「いいたいことを我慢してこらえる」という意味ではありません。

相手にいいたいことがあるなら、いってもいいのです。ただし、いくら腹が立ったとしても、その怒りを表には出さずに、**あくまでも冷静に、穏やかな口調で、相手に伝えること**が大切という意味です。

感情をむき出しにして、怒りの言葉をぶつけても、相手を動揺させるだけです。

あえて冷静に、怒りを感じていることを伝えれば、相手もいわれたことを冷静に受けとめられます。お互いに、怒りの感情に振り回されずにすむのです。

怒りには大きなリスクがひそんでいる

ささいなことで怒り、我を失って
一生、後悔をするようなことにならないように
「怒りのリスク」を心得ておきましょう。

一時の怒りのために冷静さを失い、自分自身の人生に大きな間違いをもたらすということがよくあるものです。

たとえば、ある人は、無理難題ばかりを押しつけてくる上司に、思わずカッとなり「そんなこと、できるわけがないでしょう。自分の都合ばかり押しつけないでください」と大きな声を張り上げてしまいました。

その後、会社にいづらくなって退職しましたが「あの会社でずっと働きたかった。上司に大声を上げるなんて、バカなまねをした」と反省しているといいます。夫婦関係が上手くいっていないときに、つい妻に対して怒り狂ってしまい、それが原因で離婚した男性もいます。

彼は「もっと冷静に話し合うべきだった」と後悔しているといいます。

しかし、いくら反省しても後悔しても、過去には戻れません。**怒りから起こしてしまった失敗には、取り返しがつかないものが多い**のです。

このように、一時的な怒りで、一生をダメにしてしまうような過(あやま)ちをおかすことを意味する**「一朝(いっちょう)の怒りに、一生を過(あやま)つ」**ということわざがあります。

カッとなったばかりに、仕事を失ったり、大切な人と別れることになったり、昔から一時的な怒りで失敗をする人は、少なくなかったのでしょう。大切なことは、**怒りには、そのような大きなリスクがひそんでいる**ということです。一時の怒りで、自分を見失わないようにしましょう。

イライラするよりも自然の流れに「任せる」

自分の思いに執着をすればするほど頭にくる出来事が多くなっていきます。「あとは任せる」という姿勢が大事です。

自分の思いどおりにならないことに、腹を立てている人は大勢います。

「我が子を思っていっているのに、あの子はまったく親のいうことを聞かない」

「こんなに頑張っているのに、上司は自分を認めてくれない」

しかし、**そもそも人生とは、自分の思いどおりにならないことばかり**です。

自分の思いどおりになることなど、ほんのわずかしかないのです。

「何事も自分の思いどおりにしたい」という意識が強い人ほど、年がら年中、イライラ立ち、腹立ちといった怒りの感情に振り回されてしまいます。

禅の言葉に「天真(てんしん)に任す」というものがあります。

これは、**執着心を捨てて、自然の流れに任せて生きていく**という意味です。

「子供を自分の思いどおりに育てたい」「思いどおりの評価を得たい」といった思いは、禅の考え方に従えば、すべて「執着」なのです。

執着に心をとらわれているうちは、イライラ、ムカムカといった感情が、心から消え去ることはありません。そのため禅では、この執着心を捨てて、自然の流れに任せる生き方を説くのです。

自分ができること、やるべきことに万全を尽くし、あとは「子供がどう育つかは、子供に任せる」「評価を得るかは、会社に任せる」ということです。

この**「自然の流れに任せる」という心がけ**を持って生きていくことで、思いどおりにならないことへの怒りや不満が、少なくなっていきます。

怒りをメモする習慣のメリット

なぜ、こんなにイライラするのか
自分の怒りを書き出す習慣をつけて
冷静に観察してみましょう。

怒りの感情から逃れ、平静を取り戻す方法のひとつに**「今の自分の状況を書き出す」**というものがあります。

とくに「自分は怒りっぽい性格で、怒りのためによく失敗をする」という自覚がある人に、これはとても効果的です。

難しいことではありません。**自分がいつも携帯している手帳やメモ帳に、日々**

の腹が立ったこと、カッとなった状況などを書き出してみるのです。

「私が昨日いったことを、彼はもう忘れている。まったく頭にくる」

「上司から、また嫌味をいわれた。腹が立ってしょうがない」

「こちらからメールを送っても、あの人は返信をしない。イライラする」

このように「書き出す」という行為によって、**自分自身を客観視する**ことができます。怒りという感情をちょっと離れた地点から、冷静に観察できるのです。

これが、**怒りという感情に自分自身を振り回されないコツ**です。

「怒りに我を忘れる」といういい方があります。

つまり「冷静さを失う」という意味ですが、いい換えれば、自分自身を冷静に、客観視することができない状態を表しています。

人の感情には形がありません。ときに自分自身を見失ってしまいます。

「書き出す」という行為は、これを客観視するいい方法です。怒りを書き出すことを習慣にすれば「怒りに我を忘れる」という状態にも陥(おちい)らずにすみます。

「文章を読む」と怒りが静まる法則

日常でカッとなったときは手近にある「文章」を探してみましょう。読むことで怒りがすっと静まります。


怒りをコントロールする方法のひとつに「文章を読む」というものがあります。

たとえば、新聞や雑誌でも、小説やエッセーなどの本でも、あるいは仕事の資料を読むこともいいでしょう。

なぜなら**「文章を読む」という行為そのものに、人の心を落ち着かせる効果があるから**です。

病院や銀行などの待合ロビーで、よく新聞や雑誌などを読んでいる人がいます。ある意味ではあれも、心を静めて落ち着かせるために、読んでいる人が多いのではないでしょうか。病院や銀行などでは、自分の順番が回ってくるまで、長い時間待たされることがよくあります。「自分の順番はまだ来ないのか」と、どうしても気持ちがイラ立ってくるものです。

そういうときに、新聞や雑誌などの「文章を読む」ということが、気持ちを紛らわせ、穏やかにするうえで、とても効果があるのです。

中国のことわざには「**怒りを止めたいときには、詩を読むのがいい**（意訳）」というものもあります。「詩」は、広い意味で「文章」と理解できるでしょう。

「混み合った電車の中で、隣の人から足を踏まれて頭にきたとき」

「会社の会議で、反対意見を出されてカッとなったとき」

日常で怒りに心が乱れたら、とにかく「文章」を探して、それを読んでみてください。すると、心が静まるかもしれません。

思いどおりにならない「時間」を上手に使う

どんなにイライラしても状況が変わらないのであれば時間の有効活用で心を切り替えましょう。

たとえば、先を急いでいるときに、交通渋滞に巻き込まれて自分が乗っている車やバスが動かなくなってしまうことがあります。事故などで、電車がストップしてしまうこともあるでしょう。

このようなとき、たいていの人は、時間とともに気持ちがイラ立ってきます。

「会議に遅刻をしてしまう」「疲れてきた」「いつになったら帰れるのだろう」

さまざまなことに気持ちが乱れ、ストレスがたまってきます。

しかし、どんなにイライラしても、それで魔法のようにトラブルが解消されるわけではありません。思いどおりにならないことに腹を立てるほど、さらにストレスが増えていくだけなのです。

このような場合には、**自分の思いどおりにならない現状において、何ができるかを考える**ほうが得策でしょう。

考えてみさえすれば、いろいろなことができるものです。

車の中であれば、音楽をかけてカラオケの練習もできます。

電車やバスがストップしていれば、それだけ長く本を読むこともできます。

このように、思いどおりにならない現状でも、**自分のために有効に使う知恵を働かせて、その時間を役立てる**ことで、イライラも静まります。

「できないこと」よりも、その状況で「できること」を考えて、**時間を上手に使うこと**も、日常で心を平静に保つコツです。

「理想」を弱めれば相手への怒りも減る

自分の「理想」を押しつけると
それにこたえない相手に腹が立ちます。
理想を少し弱め、妥協点（だきょうてん）を探しましょう。

結婚したばかりのある女性は、夫へのイライラをつのらせています。

夫の仕事が忙しく、帰宅が遅いというのが不満なのです。

毎日、仲よく話をしながら夕食をとることが、彼女の理想の夫婦生活です。そのために、彼女は毎晩、一生懸命に夕食を作るのです。

しかし、夫は毎晩、帰宅が遅く、取引先の接待や残業で、食事をすませてくることも多いといいます。そのようなときは、彼女が作った料理に手もつけません。彼女がつい、イラ立ってしまう気持ちもわかります。

評論家の亀井勝一郎(かめいかついちろう)が、参考になるこのような言葉を遺しています。

「理想の夫を得ようとするから失望する(意訳)」

夫にも、仕事や人づき合いの都合というものがあります。自分の理想ばかりを押しつけるから、夫への不満や結婚生活への失望感がつのっていくのです。

結婚生活に限らず、職場や友人との人間関係において、相手が自分の「理想」にそぐわないことで、イラ立つケースは多々あるものです。

このような場合は**「理想」を少し弱める**ほうがいいのです。

たとえば、彼女のケースであれば、毎晩というのはあきらめて「休日は二人で食事をする」ということを約束事にすれば、夫も無理なく応じられるでしょう。

一方的に**自分の理想や要望を押しつけずに、お互いに無理のない妥協案を考えること**で、人間関係による怒りの感情は、かなりのケースでやわらぎます。

強い嫉妬心の先に安らぎはない

嫉妬心にかられると、人はときに
とんでもない悪いことをしでかします。
嫉妬に振り回されない「分別（ふんべつ）」が大切です。

「やっていいことと、悪いことがある」という言葉は、日常でもよく耳にするものです。仏教では、これを「分別」といいます。

これは、**人間として正しい行いと、間違った行いをしっかり区別する**という意味です。この「分別」という能力が、しっかりと身に備わってこそ、安らかな心でいられると仏教では説いているのです。

しかし、人はこの分別を見失うことがあります。たとえば「嫉妬」に心を乱し、振り回されて、自分自身を見失うときです。

自分よりも仕事を評価され、早く出世をした同僚に、強い嫉妬心をわき上がらせる人もいます。足を引っ張ろうと、悪口を吹聴して回る人もいるでしょう。

自分が好きな異性とつき合い始めた同性の友人に、嫉妬心を抑えきれない人もいます。「友人には、ほかに恋人がいる」と自分の好きな相手に吹き込み、二人の仲を引き裂こうとするかもしれません。

人は「嫉妬」に心を奪われると、人としてやってはいけないような悪いことを平気でやってしまうことがあります。つまり「分別」を見失うのです。

その結果、人間関係のトラブルを引き起こしたり、社会的な責任を問われるはめになるなど、自分自身の心は、ますますかき乱されていくことになります。

他人をうらやむことがあっても、いたずらに嫉妬心に惑わされないことです。**「分別」をわきまえた生き方**をしてこそ、心の平静は保たれるのです。

怒りは伝染するから恐ろしい

身近に怒りっぽい人がいると周囲の人もつられて怒りっぽくなります。怒りの感染予防を心がけましょう。


怒りの感情というものは、人の心から心へと、伝染していきやすいものです。

上司が怒りっぽいと、部下たちもイライラしやすくなります。

夫が何かにつけ怒鳴っていると、妻や子供たちも、すぐに声を荒らげるような性格になっていきます。

これが、怒りという感情の怖い点のひとつなのです。

仏教の創始者であるブッダの言葉に、このようなものがあります。

「周りの人たちが怒っていても、自分だけは一人でも、平穏な心を保っていくことが大事である」

つまり、**他人から自分の心に、怒りの感情が伝染しないように注意をしなければならない**といっているのです。

そのためには、**怒りの感情をあらわにする人とは、精神的に少し距離をとって、つき合っていく**という心がけが大切になります。

同じ職場の人でも、たとえ家族であっても「自分とは、まったく違った人格を持つ存在だ」と考えて、心の中で距離をとってつき合うべきでしょう。

身近に怒っている人がいたら、気持ちのうえですっと離れて、**自分は冷静でいる**ように心がければ、むやみに怒りをうつされずにすみます。

反対に、自分自身も、**周囲の人に怒りを伝染させない**ように心がければ、自分に怒りの感情がわき上がったときにも、心を静めるきっかけになります。

ケンカは一度始めると永遠に終わらない

大人のケンカは、いわば意地の張り合いです。ささいなケンカで怒りの感情を引きずっては自分の人生にとって無益でしかありません。

たとえ、どんなに頭にくること、腹立たしいことがあっても「ケンカはしない」と心に決めておくことが大切です。

作家の夏目漱石(なつめそうせき)は、このようにいっています。

「人とケンカをすることは誰にでもできる。しかし、相手をやり込めて黙らせるのは簡単なことではない。十年かかるか、二十年かかるか、あるいは一生かかってもできないかもしれない（意訳）」

つい感情的になって、誰かにケンカを売れば、相手も感情的になっていい返してきます。いい返してくる相手を黙らせようと、さらに激しく攻撃をすれば、相手もまた、さらに激しくいい返してきます。

お互いに怒りの感情はどんどん大きくなり、関係は悪化していきます。たとえ、その場では相手を黙らせたとしても、相手の怒りの感情が消えたわけではありません。結局のところ、**ケンカは一度始めると終わることがない**のです。

夏目漱石の言葉の裏には、こういう意味もあるでしょう。

「ケンカなど、お互いに無益なことなのだから、はじめからしないほうがいい」

いったんケンカを始めてしまうと、お互いに負けを認め合わない限りは、怒りの感情はあとを引き、一触即発(いっしょくそくはつ)という間柄になってしまうのです。

おろかなケンカで、怒りの感情に振り回されるくらいなら、**人とは仲よく、平和につき合っていく**ほうが賢明です。ケンカはしないと心に決めておきましょう。

思いどおりにならない現実と「一体」になる

物事が思うように運ばないと、人はつい、八つ当たりをします。しかし、肝心なのは怒ることよりも対応策を考えることのはずです。

人生には、自分の思いどおりにならないことが、たくさん起こります。
事前に計画したとおりに、物事が進まないこともよくあります。
周囲の人たちが、自分の思いどおりに動いてくれないときもあります。
予想したとおりの成果が出ないこともあります。
こうした、自分の思いどおりにいかない状況は、往々にして人の気持ちを逆なでします。イライラをつのらせて「どうなっているんだ」と怒りや不満を爆発させてしまう人も多いようです。

しかし、どれだけイライラしても、思いどおりにならない現状を切り抜ける名案など、浮かんではこないものです。むしろ、怒りで正常な理性を失ってしまい、誤った判断をする危険性も高まります。

このような、思いどおりにならない出来事に見舞われたときは、禅の**「一体」**という考え方が大事になってきます。

この世で起こる出来事と「一体」になって生きることで、生きる知恵が生まれてくるというのが、禅の考え方です。

思いどおりにならない現状を正面から受け入れるということです。**ある意味、これが現実なのだからしょうがない**と開き直ることです。むやみにイラ立ち、怒りを爆発させて、現状から目を背ける(そむ)のではなく、現状と**「一体になる」**という意識を持つことで、それを切り抜ける名案が生まれてきます。

8章

慌てる心を落ち着かせる習慣

どうしようと焦る

急ぐときこそ慌てては命取り

時間的に余裕がないならば、せめて心には余裕を持つことです。やるべきことに意識を集中させましょう。

「仕事の期限が間近に迫っているのに、まだ片づいていない案件がたくさんある」

こういった状況になると、誰でも大慌てになります。

しかし、そこでバタバタと慌てて仕事を片づけようとすると、かえって余計なミスをしてしまうなど、仕事の効率が落ちてしまい、期限に間に合わなくなるというケースは多いものです。

「慌てる蟹は穴へ入れぬ」ということわざがあります。

蟹を食べようと狙っている、鳥などの天敵が現れたときに、蟹は身を守るために、穴の中へ逃げ込もうとします。しかし、慌てて手足をバタバタさせるために、入り口が狭い穴の中へ入れず、かえって、天敵に捕まってしまうのです。

つまり、**先を急いで慌てると、かえって命取りになるような失敗をする**ということを表しています。

同じような場面は、日常生活でもたくさんあります。

仕事の期限をはじめ、約束の時間に遅れそうなとき、あるいは、試験や試合、発表会などの本番が迫っているときに「どうしよう」と慌てて、パニックになることもあるでしょう。

こうした、気持ちの余裕がないときほど、**どうにかなると開き直る**ほうがいいのです。**慌てる気持ちを落ち着かせ、着実に物事を進める**ことに意識を集中しましょう。かえって仕事が早く終わるなど、往々にして結果はよくなるものです。

やらなくてもいいことは「やらない」と決める

余計な仕事ばかり引き受けて自分自身を忙しくさせている人がいます。本来やるべき仕事を見失わないことが大切です。

作家の夏目漱石が、次のような言葉を遺しています。

「自分で勝手に、やらなくてもいい仕事をつくり出して『忙しくて大変だ』と大騒ぎしているような人間は、自分で暖房の火をカンカンにおこして『暑い、暑い』といっているようなものだ（意訳）」

このような人は、現代社会にもたくさんいます。

忙しいのであれば、少しは仕事を減らせばいいのです。しかし、仕事を減らすどころか、他人の仕事まで引き受けたり、頼まれてもいないお節介を焼いたり、**やらなくてもいい余計な仕事を増やして、自分自身を忙しくしている**のです。

心理学的にいえば、このようなタイプの人は「虚栄心（きょえいしん）」が強いといえます。

いつも「忙しい、忙しい」と大騒ぎをすることで、周囲の人に「あの人は、たくさんの仕事を抱えている有能な人」と認めてもらいたいのです。あるいは、自分自身を「有能」と考え、それを証明したいのかもしれません。

しかし、そうした自分を大きく見せるための「見せかけの仕事」をしていては、**忙しいばかりで、自分の成長が望めません**。

余計な仕事は、必要でない限りしなくていいのです。**本来やるべき仕事に集中する**ことで、仕事の技能が磨かれ、有能な人間に成長していくのです。

いつもあわただしい生活を送っている人は、一度、それが**本当に自分のやるべき仕事なのか、自分のためになる忙しさなのか**を考えてみましょう。

焦りを落ち着かせる3つの手順

あれも、これもと気持ちが焦るときは
まず、やるべきことを紙に書き出してみましょう。
整理するうちに、冷静さが戻ってきます。

「焦り」という感情は、心を平穏に保てなくなる大きな要因です。

気持ちが焦ってくると、人はイライラが止まらなくなり、ちょっとしたことで大声を上げて怒鳴ったり、泣き叫んだり、不必要に感情を高ぶらせてしまいます。

感情を爆発させて、よりいっそう自分の心がかき乱されていくのです。

焦りの感情が生じるケースはさまざまですが、たとえば「やらなければならないことが、たくさんある」という状況です。

そのような状況では、人はどうしても「あれもやらなければ、これもしなければ」と気持ちが焦ってきます。そして、思いどおりに物事が進まないと、つい、周囲の人に八つ当たりをしてしまうのです。

焦って、パニックのような状況に陥(おちい)ったときは**「やるべきことを整理する」**ことが大切になります。3つの手順で進めてみましょう。

①やらなければならないことを書き出す

②やるべきことを取捨選択する

③やるべきことに優先順位をつける

あれもこれもと、いっぺんにやろうとせずに、まずはそれを書き出して、取捨選択してみましょう。よく考えてみれば「特別、やらなくてもいいこと」もあるものです。やるべきことが整理されると、それだけで気持ちも落ち着いてきます。

あとはひとつずつ順番に、自分のペースで片づけていけばいいのです。

強すぎる向上心は焦りの原因に

「もっと上へ」という思いが強すぎると気持ちばかりが焦って空回りしてしまいます。周囲よりも自分の足元を見て、心を落ち着けましょう。


何事にも**向上心**を持つことは大切ですが、それが強すぎると「焦り」という感情に振り回されやすくなります。たとえば、こういったケースです。

「同期の友人は、どんどん出世している。自分だけが低迷しているわけにはいかない。もっと成果をあげないと、みんなに取り残される」

「今のままではいけない。もっと早く大きなことをなしとげないと、自分の人生が終わってしまう」

もちろん、人として「より高い成果」「より大きな成功」を目指して、努力していくことは間違ってはいません。

しかし、上を目指そうという思いが強すぎると、気持ちが焦ってしまい、かえって努力が空回りして、成果や成功から遠ざかってしまうことになります。

こうした人が、焦りという感情に振り回されやすい要因は、ふたつあります。

みんなに取り残されたくないという気持ち、そして、**早く成果を出したいという気持ちが強すぎる**のです。

むやみに焦らず、成果を得るためには、まず、周りの人たちの動向に意識をとらわれないことです。

「自分がやるべきことにのみ、意識を集中する」ということが重要です。

そして、気持ちを落ち着けて、**一歩一歩、着実に前進していく**ことです。努力を積み重ねてこそ、念願の成功に近づくということを忘れてはいけません。

とっさのフォローがさらなるミスを呼ぶ

「失敗の連続」は慌てることで引き起こされるケースが多いものです。慌てず騒がず、落ち着いて対処しましょう。

「誤りを以て誤りを続ぐ」ということわざがあります。間違いをしたときに、その間違いを正そうと焦って、さらに別の間違いをしてしまうことを意味します。

たとえば、喫茶店で人と話をしていて、うっかり自分のコーヒーカップを倒してしまったときです。

こぼれたコーヒーを拭き取ろうと慌てたために、さらに誤って、相手のコーヒーカップまで倒してしまったりします。

職場では、取引先のファックス番号を見誤り、違う取引先へファックスを送ってしまったとします。

慌てて誤って送った取引先に、破棄をしてくれるように頼む電話を入れると、慌てていたために、さらに別の取引先に間違い電話をかけてしまうのです。

人というのは、気持ちが動揺すると、こうした普段はしないようなミスを連続して起こしてしまうことが、よくあります。

間違いをすれば、誰でも慌ててしまうものです。

しかし、こういった失敗をしたときこそ、とっさのフォローよりも、まずは**自分自身に「落ち着いて」といい聞かせ、冷静にならなくてはいけません。**

「しまった」と思っても、**慌てず騒がずに、あえて慎重な対処**をしましょう。

それが、焦りから間違いをくり返さないためのコツです。

せっかちは大きな弊害をもたらす

「セカセカ」「じりじり」「イライラ」……
こうした、せっかちなタイプの人は
健康のためにも、急がず騒がずの生活が必要です。

心理学に**「A型行動パターン」**という言葉があります。
おもに、次のような特徴があるタイプの人があてはまります。

□じっとしているのが苦手。いつも、セカセカと動き回っている。
□たくさんの予定を入れ、時間に追われる生活を好む。

□非常に負けず嫌いで、競争心が強い。
□カッとなりやすく、他人への攻撃性が強い。
□せっかちで、イライラしやすい。

こうした「A型行動パターン」とは、そもそも、心臓病患者に多く見られる性格的な特徴です。ストレスから心筋梗塞（しんきんこうそく）や脳卒中などを引き起こしてしまう割合が高いともいわれています。

せっかちで、いつもあわただしい、忙しい生活を送っているうえに、怒りっぽい性格のために、むやみにストレスをため込んでは、知らず知らずのうちに、体に大きな負担をかけてしまうのです。

いい換えれば、**いつも心を平穏に保つこと**は、健康のためにも大事です。

「A型行動パターン」にあてはまることが多ければ、それだけ、**いつも心を落ち着かせ、時間的にもゆとりのある生活を送る**という心がけが大切です。

あわただしい日常に流されずに生きるには

地位やお金を得ようと必死になるよりも何より、自分らしく生きることを優先させましょう。すると、自然に地位やお金は与えられます。

「名誉やたくさんの利益を得たいという欲に心を乱し、平穏な生活を見失って一生をあわただしく生きることは、じつにおろかなことだ（意訳）」

これは、鎌倉時代の随筆家、吉田兼好（よしだけんこう）の言葉です。何も、名誉や利益を得ることが、悪いといっているのではありません。そうした欲に、自分自身が振り回されて、心の余裕を失うような生き方を「おろかなことだ」といっているのです。

出世やお金に対する欲は、大なり小なり、誰にでもあるものです。

しかし、それを生きる目的として、むやみに忙しい毎日を過ごしていては、人としての心を見失ってしまいます。

まずは**「自分らしい生き方」**について、心を落ち着けて考えることです。

兼好はあるとき「自分らしい生き方」を求めて、あわただしい世の中から離れ、のどかな田舎で心穏やかに、文章を書く生活に入りました。

その結果、兼好の書いた随筆は、世の中から評価され、名文家として知られるようになりました。また、生活に必要な資金を提供する人も現れたのです。

たとえ、忙しい日常でも、自分次第で**いつも心を穏やかに保つこと**はできます。

そして、**自分らしい生き方をしっかりと見つめ、日々、それを実践していくこと**が大切なのです。

自分らしい生き方を続ければ、**その結果として、名誉や利益が自然に与えられる**ものです。この順番を忘れないことが大事です。

結婚に見る「急いては事を仕損じる」

たとえば婚期が遅れても、焦って相手を選ばないことです。若い頃よりもずっと世間を知ったぶん、着実に結婚相手を探す分野も広まっています。

人生において「焦り」の感情がわき起こりやすい出来事のひとつに「結婚」があげられます。

ある四十代の男性も焦っています。五十歳近くになっても、これと思う結婚相手が見つからないといいます。

「このままでは一生、独身で終わるかもしれない」と不安がつのり、最近ではもう、どんな相手でもいいから、結婚したいという心境になっているそうです。

しかし、結婚のような人生の一大事こそ、焦りは禁物でしょう。

「急いては事を仕損じる」ということわざもあります。気持ちが焦るあまりに、急いで何かをしようとすれば、間違った判断をする可能性が高まるのです。

結婚をしたのはいいけれど、相手選びを誤って、むしろ、不幸のどん底に突き落とされるようなこともあり得ます。それでは元も子もありません。

むやみに焦らないためには、**楽天思考**が大切です。

婚期が遅れたということは、ある意味、それだけ**「運命の人」と出会える可能性が高まった**ともいえます。ある程度の年齢になった独身の人には、経済的にも余裕があります。知識や経験も豊富です。それだけ活動範囲が広く、運命の人と出会える可能性も高まるのです。

これは結婚だけの話ではありません。同じように人生の重大な局面においても、焦らず急がず、気持ちを落ち着けて対処することが肝心なのです。

焦らず慌てずに「待つ」ことを知る

気持ちが焦るあまり、結論を急ぎすぎると上手くいくものも、いかなくなります。心を穏やかにして、チャンスを待つことが大切です。

仕事でもプライベートでも、焦るあまりに、せっかくのチャンスを逃すということがよくあります。

たとえば、不動産会社で働くある男性は、担当の高級マンションになかなか買い手がつかず、頭を悩ませていました。

あるとき、知り合いの会社経営者に物件を見せたところ「気に入った」と即決してもらえました。彼は大喜びしました。ところが、いざ契約となると、相手は多忙を理由になかなか会ってくれません。どこでも、いつでもかまわないと申し出ましたが、相手は「仕事が忙しくて時間がとれない」の一点張りです。

すぐに営業成績をあげたかった彼は、ついにしびれを切らし「三日以内に正式な契約が結べないと、別の買い手がつく」と嘘をついて、相手を急かしてしまいました。「買うと伝えたのに、信頼を裏切られた」と相手は腹を立て、契約はご破算になりました。自分の焦りとイラ立ちから、相手の忙しい立場をわかりながら急かしてしまい、せっかくの大きな契約をふいにしたのです。

「機が熟す」という言葉があります。

これは「ちょうどいい時機が来る」という意味です。

相手があっての大切な約束事などは、お互いの望みが合致していれば、いずれ、機が熟すときはかならず来ます。焦らず慌てず、心穏やかに、**お互いのちょうどいい時機が来ることを「待つ」**という意識を持つことが大切です。

心を落ち着かせる「心身一如」の習慣

心と体は一体という禅の考え方を日常で実践してみましょう。焦りもイラ立ちも消えていきます。

禅の言葉に**「心身一如（しんしんいちにょ）」**というものがあります。

これは「心と体は一体であり、相互に影響し合っている」という禅の思想です。

禅では、心が乱れていることを自覚したときには、身体的な工夫によって、心の平穏を取り戻すように努力するのです。

もしも「自分は今、心が乱れている。動揺している」と感じたら、このような禅の姿勢と呼吸を意識してみてください。

①背筋(せすじ)をまっすぐに伸ばす

②体が左右に揺れないように心がける

③穏やかに深呼吸する

これにより、動揺していた心が、落ち着きを取り戻します。気持ちが穏やかになっていくことを感じられるでしょう。すると、**ゆったりと物事を考えられる**ようになるのです。

この「心身一如」という禅の考え方と実践法は「マインドフルネス」という名で、現代に広まっています。時間に追われ、ストレス社会に生きる現代人が、心の平穏を保っていくための一種の心理療法です。

ストレス過剰で、心が乱れがちという人は、禅の「心身一如」の考え方と実践法を日常で習慣にしてみると、平穏な心を取り戻せます。

速すぎる時間の流れをリセットしてみる

大慌ての毎日では、人生はあっという間に過ぎ去ってしまいます。ときどきは生きるペースをリセットする機会が必要です。

中国の思想書である『菜根譚』には次のような言葉があります。

「時間の流れは、本来は、とてもゆったりとしている。しかし、**大慌てをして先を急ぐ人たちが、時間の流れを速めてしまう**のだ（意訳）」

この『菜根譚』という書物が書かれたのは、今から４００～５００年ほど前のことです。

「ああ、忙しい。やることが山積みだ」「時間がない。急がなければ」

こうした思いに背中を押され、お尻を叩かれて、バタバタとあわただしい時間を過ごしている人が、すでにその当時にもたくさんいたのです。現代社会では、当時とは比べようもない多くの人が、このような思いをしていることでしょう。

しかし「大慌てをして先を急ぐ生活」を毎日のように送っていると、だんだんと心がすり切れていきます。ストレスから、心がボロボロになっていくのです。

ときには**「ゆったりとしている、本来の時間の流れ」**を実感できるような機会を持つことは、心をすり切れさせない秘訣（ひけつ）なのです。

自然が豊かな地方などへ旅行をして、のんびりとくつろいでいると「時間の流れが、ゆったりしているなあ」と実感できるものです。

ゆったりとした時間の流れを感じ、**速めてしまっていた自分の生きるペースをリセットする**のです。時間に追われる日常を過ごしている人ほど、こうした機会を持つことを大切にしなければいけません。

一日の終わりに心の乱れを整えることの大切さ

静かな場所でただ、何もせずに過ごす心を安らげる時間を持ちましょう。習慣にすれば、心が乱れにくくなります。


『太平記』という、南北朝時代を描いた軍記物語に、このような言葉があります。

「体の安らげる場所にいて、はじめて心も安らいでくる（意訳）」

確かに、ワイワイガヤガヤと、大勢の人が騒々しくしている場所にいて、自分一人だけが安らいだ気持ちでいるのは難しいものです。

電話がガンガン鳴り響き、テレビやラジオからは絶え間なく音が流れているような場所で、穏やかな気持ちでいることは、ほとんど不可能です。

バタバタとあちらこちらを駆け回りながら、心だけは平静な状態を保っていくことも、やはり難しいでしょう。

心の安らぎを得るためには、**しばし、体の活動を休めて、静かな環境に身をおくこと**が必要なのです。

一日の生活の中で、そのような**「心身ともに安らげる場所」**に身をおく時間を持つことが大切です。

それは、体の疲れをとると同時に、**心の乱れを整える時間**です。体に新しいエネルギーを供給すると同時に、**心に新鮮な活気を与える時間**なのです。

たとえば夜、寝る前などにしばらくの時間、携帯電話やパソコン、テレビ、ラジオなどはすべてオフにして、ただ静かな環境に身をおくだけでもいいでしょう。

一日の中で、心を安らげる時間を持つことを習慣にすると、たとえ忙しさは変わらなくても、落ち着いた気持ちで、平穏な毎日を送ることができます。

コンプレックスが消えない

9章

心の弱みをプラスに変える習慣

コンプレックスは夢をかなえる力になる

コンプレックスがない人など、ほとんどいません。劣等感に思い悩むよりも、それをバネにすれば自分の夢を実現する力になるはずです。

誰にでも、コンプレックスはあるものです。

なかには、自分の持つコンプレックスに思い悩み、生きる自信を失っていく人がいます。一方で、コンプレックスを生きる力に変えて、たくましく成長していく人もいます。

つまり、コンプレックスがあるか、ないかではなく、大切なのは、自分自身がコンプレックスに、どう向き合っていくかなのです。

戦国武将の豊臣秀吉は「自分は農家の生まれだ」ということに、強いコンプレックスを持っていました。

しかし、秀吉はそのために、生きる自信を失うことはありませんでした。

むしろ「農家の生まれであっても、武士として天下を取ってみせる」という強い情熱を持ちました。まさしく、コンプレックスを生きる力に変えて、偉業をなしとげたのです。

コンプレックスから自信を失って、落ち込んだり、悩んだりすることはありません。むしろ、コンプレックスが強いほど、**自分の夢に向かって、たくましく生きていく**こともできるものです。

学歴がないから、人一倍の社会勉強をして、事業で成功を収める人もいます。

容姿に自信がないから、人としての魅力を磨いて、幸せをつかむ人もいます。

コンプレックスがあると、**夢を実現するための信念**が強まっていくのです。

強がるよりも弱さを認めて生きるのが勝ち

弱い人間ほど、自分を大きく見せようとつい、強がってしまうものです。弱さを認めれば、心を強くして生きていけます。

作家の島崎藤村（しまざきとうそん）は「弱いのはけっして恥ではない。その弱さに徹しえないのが恥だ」という言葉を遺しています。

「弱さに徹しえない」とは、自分の弱さを隠して、表面的に強がって生きるということです。

弱い人間ほど、その弱さを隠し、むしろ、自分は強い人間だと見せかけるために、強がって生きています。藤村は、そのような生き方は恥ずかしいといっているのです。表面的にはいくら強がっていても、こうしたタイプの人は、内心ではいつもビクビクとおびえながら生きています。いつ「自分の弱さ」が、周りの人たちから見破られてしまうか、わからないからです。

おびえて生きていくぐらいなら、むしろ**「自分の弱さ」を認める**ほうが、気持ちを穏やかにして生きていけるはずです。

肉体的に弱い人は、そんな自分を認めて、あまり無理をせずに、自分のペースで頑張っていくことを心がければいいのです。

精神的に弱い面がある人も、そんな自分を認めて、無理なことをしようと思うのではなく、一歩一歩、着実に前進していけばいいのです。

自分に弱いところがあるからといって、大きなことをなしとげられないということはありません。**自分のペースで、自分に合ったやり方で、努力を積み重ねていく**ことで、弱い部分があっても、大きなことをなしとげることは可能です。

苦手なことを得意なことに変える方法

「やってみなければわからない」とよくいいます。苦手だからと避けてきたことには、気づかなかった意外な自分の才能が隠されているかもしれません。

人には何かしら、苦手意識を感じていることがあるものです。苦手なことはやらなければいいとも考えられますが、人生では、ときに苦手なことをやらなければならない事態に直面することもあります。

「恥をかいたらどうしよう」「悪い印象を持たれるかもしれない」そのような不安を持つ人も多いのですが、苦手なことを避けるよりも、むしろ、それに取り組むことで、**自分の隠れた能力を開発すること**につながるケースもあります。

ある女性は、独身の頃、料理に苦手意識がありました。

しかし、結婚をして家庭に入ることになり、苦手な料理を毎日しなければならない状況になりました。夫の両親も同居していたため、夫婦二人分だけよりも食事作りは大変です。彼女はとまどいましたが、腹をくって、料理教室に通い始め、一生懸命に料理の勉強をしたのです。その結果、彼女の料理の腕はメキメキ上達し、今では自宅で料理教室を開くほどになっています。

彼女は、料理が苦手という意識が強くなければ、そこまで努力をしなかったかもしれません。苦手意識があることは、あえて避けようとしてしまうため、本来、持っている自分の能力を眠らせてしまう場合もあります。苦手と思うことでも、挑戦してみると**「意外な才能があった」**という可能性はあるのです。

「苦手なこと」を克服することは、**隠れた能力が引き出されるチャンス**なのです。

大げさに考えないという「賢さ」

自分に強い苦手意識があると、それだけ他人の目も意識してしまうようです。どう思われるかを大げさに考えないことです。

苦手意識が強いことほど、本人にしてみれば、**それを人がどう思うか**ということを大げさに考えてしまうようです。

しかし、**実際には、本人が思うほど他人は気にしていない**ケースがほとんどです。たとえば「字を書くこと」に、強い苦手意識を持つ人がいます。

どんなに苦手でも、他人が見ている前で、字を書かなければならない場面に遭遇することはあります。たとえばパーティーなどの受付の際、担当者の目の前で、来場者名簿に記帳する場面です。苦手意識が強い人は、こんなふうに考えてしまうことも多いようです。

「いい歳をして、こんなに下手な字しか書けないのかと、軽蔑(けいべつ)されるだろう」

このように思うことで、苦手意識がいっそう強まって、字を書く手が震えてきてしまい、余計に上手く書けなくなることもあります。

しかし、字が下手なくらいで、人から軽蔑されることなどありません。大げさに考えすぎなのです。むしろ「個性的な字を書く人だ」と思うような人も、なかにはいるはずです。

このような場合は**「誰も他人のことなど、たいして気にかけていない」**と自分にいい聞かせ、深刻に考えてしまう自分にブレーキをかけることが大切でしょう。

実際に、他人は自分が思うほどこちらを気にしていないものです。それに気づくことが、苦手意識をやわらげて、心の平穏を取り戻すきっかけになります。

自分の弱みを個性に変えるコンプレックスの克服法

コンプレックスを感じることを人に隠さず
思いきって周囲に告白してしまえば
それは自分の「個性」に変わります。

人は往々にして、自分が苦手としているものを「他人に知られたくない」と考えます。苦手なものを知られることは「恥ずかしい」「人からバカにされるのではないか」という気持ちが働くためです。

しかし、隠そうと思えば思うほど、かえって自分自身にとって、それは人に知られたくない「弱み」になるのです。

むしろ「私は、このことが苦手です」と周囲にオープンにしてしまうほうが、**隠すよりもずっと、自分の気持ちはラクになる**のです。

ある男性は、歌うことが苦手です。つまり、オンチなのです。

そのために、会社の同僚や友人にカラオケに誘われても「今日は都合が悪い」などと嘘をついて、断っていました。

しかし、あるとき、大切な恩人からカラオケに誘われました。相手はカラオケが大好きなのです。不義理もできず、仕方なくカラオケにつき合いました。

自分が歌う順番がやってきました。彼は開き直って、歌い出す前にマイクを使って「私はカラオケが苦手です。オンチなのです」と告白しました。

すると、不思議なほど、すっと気持ちがラクになったといいます。それで歌が上手くなるわけではありませんが、カラオケへの苦手意識は薄らいだのです。

苦手なことを隠そうと思えば思うほど、苦手意識が自分を苦しめます。**隠さずにオープンにしてしまう**ことで、それは「弱み」から**「個性」**に変わります。

苦手意識が生まれた原因を探ってみる

自分の性格というのは、わかっているようで実際にはよくわかっていないものです。苦手なことも自分の思い込みかもしれません。

ある女性は「物事を辛抱強く、長く続けていく」ということに苦手意識がありました。その原因は、幼い頃に、母親からくり返しいわれた言葉にありました。

「あなたは本当に、飽きっぽい子ね」

「何をやっても長続きしないわね」

「いつも途中で、放り出してばっかりじゃないの」

母親は戒(いまし)めの意味でいっていたのですが、そんな言葉を長年くり返されれば、本人にとって「私はそういう人間なんだ」というすり込みになってしまいます。

その後は「自分は飽きっぽい性格」という思いが心にあるため、勉強でも仕事でも、腰を落ち着けて取り組むということが、できなくなってしまったのです。

一方で、彼女はきれい好きで、片づけが上手です。あるとき、職場の資料棚の整理を頼まれ、残業までして、使いやすくきれいに整理して、上司にほめられました。片づけが苦手な人には、なかなかやり通せない仕事ともいえます。

つまり、実際には、彼女はけっして「飽きっぽい性格」ではないのです。

このように、親や身近な人に、くり返し指摘される欠点があると「自分はそういう人間だ」と思い込んでしまうことがあります。

まず、自分自身の苦手意識が強いことについて**「原因は他者からの影響ではないか」**と考えてみるといいでしょう。苦手なことも、実際には**自分の思い込みという可能性が往々にしてある**のです。

「学歴がない強み」で大物になる

学歴にコンプレックスがあっても
それを弱みとは考えないことです。
世の中を渡る十分な「強み」にもなるのです。

「私は学歴がないので、成功者にはなれない」と思い悩んでいる人がいます。

確かに、出世していく人には、高学歴の人が多いのは事実です。

また、高学歴の人は、会社の採用試験をはじめ、周囲の人から大きな期待を寄せられるものです。その点では、学歴がない人は、一般的に周囲の人から受ける期待は小さいかもしれません。

しかし、学歴がなくても、成功者になっている人はたくさんいます。また、最終学歴が中学や高校の人は、早くから社会に出てさまざまな経験をしています。**実社会の中で学んだ知恵**をたくさん持っているのです。

また、学歴がない人ほど「学歴」に頼らずに、**自分の才覚だけで世の中を渡り歩いていくバイタリティ**を持っているものです。いわば**「学歴がないことの強み」**を十分に生かして、成功者になっている人がたくさんいるのです。

たとえば、パナソニックの創業者の松下幸之助（まつしたこうのすけ）さんは、小学校中退の後、9歳から丁稚奉公（でっちぼうこう）を始め、商人として大成したことで知られます。自動車メーカーのホンダの創業者である本田宗一郎（ほんだそういちろう）さんも、また海外では発明王のエジソンも、大学など出ていません。これといった学歴などないのです。

学歴がないということで、自分の心を惑わすことはありません。弱気になることなどないのです。堂々と胸を張って**「学歴がないことの強み」**を生かせば、学歴がなくても、自分次第でいくらでも成功者になれるのです。

自分の価値は自分の考え方次第で変わる

仕事をはじめ、日常がマンネリになることも心がネガティブに傾く要因です。つまらない仕事などこの世にはないと再認識しましょう。

どのような仕事であっても、長い間、同じ仕事を続けていくうちに、気持ちがだんだんとマンネリになっていきます。「やりがい」や「楽しみ」といったポジティブな感情が薄らいでいくのです。

場合によっては「こんなこと、やってられない」「毎日がつまらない」といったネガティブな感情が強まっていくこともあるでしょう。憂うつ感に心をとらわれると、前向きにものが考えられなくなります。

「自分は会社の歯車でしかない」「自分の仕事には価値がない」

こういった、自分への劣等感が生まれ、心が大きく乱されていくのです。

禅語に**「明珠在掌（みょうじゅたなごころにあり）」**というものがあります。

「明珠」とは、すばらしい価値があるものを意味します。「在掌」とは、すでに自分の手の中にあるということです。

人は、**今、自分が持っているもののすばらしい価値に気づかない**ことが多いものです。「自分の仕事はつまらない」といったことを考えている人も、同じでしょう。とくに、仕事がマンネリになっているときは、そういう気持ちになってしまう人が多いものです。こういった人は「自分の仕事の価値」をあらためて、じっくりと考えてみることが大切です。**どのような仕事にもかかならず、すばらしい価値があります**。再び、その価値に気づけば、仕事への「やりがい」や「楽しみ」を取り戻すことができるはずです。

上司の操り人形にならない心得

いつも上司の顔色だけをうかがって仕事をしていると、自己嫌悪に陥ることもあります。自分らしい仕事の仕方を忘れないようにしましょう。

平安時代末期から鎌倉時代にかけての随筆家、鴨長明がいっています。

「立場が上の人間に、こびへつらうような生き方をしていると、自分の体が自分のものではないように思えてきて、気持ちが落ち込んでくる（意訳）」

現代社会でも、職場で上司にこびを売る人はいます。

しかし、上司から気に入られたいばかりに、心にもないことをいって、いわゆるゴマすりをしたり、盲目的に上司に絶対服従していると、だんだんと自分の主体性を失っていってしまいます。

自分という人間が、相手の操り人形にすぎないように思えて、不満がたまっていきます。すると、精神的に不安定になり、ちょっとしたことで落ち込むようになってしまうのです。

とはいえ、上司にこびを売ったとしても、それも人間らしさです。ある意味、社会人のたしなみともいえるでしょう。

鴨長明の言葉で大切なことは、こびないということではなく、**自分らしさを見失ってはいけない**ということです。ただの「イエスマン」にならず、**自分は自分として、主体性を持って仕事を進めていく**ということが大切なのです。

たとえ、上司が絶対服従を押しつけるようなタイプだったとしても、企画の提案や仕事の進め方など、自分の意思を反映する場面はいくらでもあるはずです。自分の主体性を失わなければ、操り人形という気持ちにならずにすみます。

「一病息災」の考えで長生きできる

持病を抱えながら日常生活を送ることは
健康に自信がある人より不利と感じるかもしれません。
「一病息災（いちびょうそくさい）」の発想で、有利ととらえることもできます。

体が弱いことや持病があることを心の負担に感じている人がいます。
確かに持病があると、日常生活でさまざまな制約があることは事実でしょう。
好きなものを食べられない、運動を制限される、人よりも体力が長続きしない
ということもあります。定期的に、通院をする負担もあります。
そのような不利な点を思うたびに、いつも心を乱されてしまい、人生に否定的

な考えを持ってしまう人もいるようです。

しかし、持病があるということが、悪いことばかりとは限りません。

「一病息災」という言葉があります。

これは、**ひとつも病気を持たない人よりも、ひとつぐらい病気を持つ人のほうが、長生きする**という意味です。

病気がある人は、日頃から食事や運動など、健康面に注意しながら暮らしています。無理なこともしません。体の害になることも控えます。

そのおかげで、長生きする人も多いのです。かえって、ひとつも病気を持たない人のほうが、自分の健康に対して自信過剰となってしまい、無理なこと、体に害のあることを重ねて、長生きできないという場合もあります。

その意味では、**持病がある人のほうが有利**ともいえるでしょう。そのように楽天的に考えることによって、心穏やかに暮らしていけば、それも長生きにつながっていきます。考え方次第で、病気が幸福の源泉にもなりうるのです。

コンプレックスは大きな夢で解消する

自分の欠点を大きくとらえると
自分の可能性が信じられなくなります。
大きな夢にまい進して、欠点を忘れましょう。

人間なら、誰にでも欠点があります。

「自分は口ベタで人との交渉能力が低いので、ビジネスの世界では通用しない」

「人づき合いが苦手で、人脈を広げられない。起業などできるわけがない」

「自分には主体性がない。いつも相手のいいなりになるばかり」

このように、自分の欠点を気に病んで、仕事や人生に対して、いつも悲観的な気持ちになってしまう人も、少なくありません。

まずは、自分の欠点を気にかけない工夫が大切です。

「大行は細謹を顧みず」という格言があります。

「大行」とは、大きな夢を持って、そのために行動していくという意味です。「細謹を顧みず」とは、**取るに足らない自分の小さな欠点など気にならなくなる**ことを表しています。

「歴史に名を残すくらいの大物になってみせる」

「実業家として大成功してみせる」

「世間をあっと驚かせることをなしとげてみせる」

こうした大きな夢を抱き、**その夢の実現のために意識を集中**して生きていれば、自分の欠点をいちいち気に病んでいるひまなどなくなるものです。

心からコンプレックスを追い出すには、より大きな夢を抱くほうがいいのです。

そうすれば開き直って、腹のすわった生き方ができるようになるでしょう。

植西 聰(うえにし あきら)

東京都出身。著述家。学習院高等科、同大学卒業後、資生堂に勤務。独立後、「心理学」「東洋思想」「ニューソート哲学」などに基づいた人生論の研究に従事。1986年、体系化した『成心学』理論を確立し、人々を元気づける著述活動を開始。1995年、産業カウンセラー(労働大臣認定資格)を取得。著書に『「いいこと」がいっぱい起こる!ブッダの言葉』(三笠書房)、『「折れない心」をつくるたった1つの習慣』(青春出版社)、『マーフィー 人に好かれる魔法の言葉』(KADOKAWA)、『すぐ傷ついてしまう自分を強くする方法』(廣済堂出版)、『平常心のコツ』(自由国民社)、『凹まない人の感情整理術』(永岡書店)など多数。

◉……………… 参考文献

『日本名言名句の辞典』小学館

『故事・俗信 ことわざ大辞典』(CD-ROM版)小学館

『生きる財産となる名言大語録』(知的生きかた文庫)三笠書房

『心配するな、なんとかなる』PHP研究所

◉……………… ブックデザイン 小島トシノブ(NONdesign)

◉……………… 編集協力 山﨑さちこ(シェルト*ゴ)

◉……………… DTP センターメディア

◉……………… 校正 くすのき舎

揺れない、ブレない、動じない

心の乱れを整える 9つの習慣

◉……………… 著 者 植西 聰

◉……………… 発行者 永岡 純一

◉……………… 発行所 株式会社永岡書店

〒176-8518 東京都練馬区豊玉上1-7-14

代表 03(3992)5155 編集 03(3992)7191

◉……………… 印 刷 精文堂印刷

◉……………… 製 本 ヤマナカ製本

ISBN978-4-522-43363-8 C0076 ⑧